C.H.BECK WISSEN

Was macht eine Demokratie aus? Das Buch zeigt, wie die Demokratie in der Antike erfunden wurde und wie sie sich in der Moderne verändert hat. Unmittelbare, direkte Demokratie dort, mittelbare, repräsentative Demokratie hier – das sind die Grundformen. Darüber hinaus unterscheiden sich theoretische Modelle und gelebte Demokratie erheblich voneinander. Das wird an der historischen Entwicklung der Demokratie und den verschiedenen Traditionen demokratischen Denkens verdeutlicht. Zudem erörtert der Band alle zentralen Bedingungen, die Voraussetzungen und die gegenwärtigen Herausforderungen der Demokratie.

Hans Vorländer, geb. 1954, ist Professor für Politikwissenschaft, insbesondere für Politische Theorie und Ideengeschichte, sowie Direktor des Zentrums für Verfassungs- und Demokratieforschung an der Technischen Universität Dresden. Zahlreiche Veröffentlichungen zur Geschichte des politischen Denkens und zur vergleichenden Politikanalyse. Bei C.H.Beck erschien zuletzt von ihm: «Die Verfassung. Idee und Geschichte» (3. Aufl., 2009).

Hans Vorländer

DEMOKRATIE

Geschichte, Formen, Theorien

C.H.Beck

1. Auflage. 2003
2., überarbeitete Auflage. 2010

3., überarbeitete Auflage. 2019

Originalausgabe

www.chbeck.de
Satz: C.H.Beck.Media.Solutions, Nördlingen
Druck und Bindung: Druckerei C.H.Beck, Nördlingen
Reihengestaltung Umschlag: Uwe Göbel (Original 1995, mit Logo),
Marion Blomeyer (Überarbeitung 2018)
Printed in Germany
ISBN 978 3 406 73816 6

myclimate

klimaneutral produziert
www.chbeck.de/nachhaltig

Inhalt

I. Die Demokratie – ein Siegeszug?

Die Epoche der Demokratien schien recht eigentlich erst 1989/90 begonnen zu haben. Die Demokratie feierte Triumphe, nachdem sozialistische und kommunistische Regime zusammengebrochen waren. Das westliche Modell der liberalen Demokratie hatte, so schien es, seinen Konkurrenten im Wettkampf der Systeme besiegt und konnte nun, wie manche meinten, das «Ende der Geschichte» ideologischer Auseinandersetzungen einleiten. Mit dem Ende der realsozialistischen Diktaturen gab es keine historischen Alternativen mehr, die, wie Nationalsozialismus, Faschismus und Kommunismus, das 20. Jahrhundert zu einem «Zeitalter der Extreme» (Hobsbawm) hatten werden lassen. Nun aber war der Siegeszug der Demokratie nicht mehr aufzuhalten. In mehreren Wellen schien sich so die Regierungsform der Demokratie gegen ihre Widersacher durchgesetzt zu haben.

Eine erste Welle, so wurde argumentiert, begann in den 1820er Jahren, führte über die Ausweitung des allgemeinen Wahlrechts für die männliche Bevölkerung, dauerte bis etwa 1926 und führte zur Etablierung von 29 Demokratien. Mit Mussolinis Machtantritt in Italien war der Beginn einer rückläufigen Entwicklung verbunden, die die Zahl der Demokratien zunächst wieder auf zwölf reduzierte. Aber durch den Triumph der Alliierten im Zweiten Weltkrieg entstand eine zweite Welle der Demokratisierung, die in den 1960er Jahren wieder zu 36 Demokratien führte. Und der Beginn der letzten, der dritten Welle der Demokratisierung kann mit der ersten Hälfte der 1970er Jahre angesetzt werden. Zwischen 1974 und 1990 schafften etwa 30 Länder den Übergang zu Formen demokratischer Herrschaft. Dann nahm diese Welle an Umfang erheblich zu, weshalb einige Demokratieforscher die Zahl der Demokratien von etwa 76 im Jahr 1990 auf etwa 120 Länder am Beginn des 21. Jahrhunderts bezifferten.

Doch hat sich dieses Bild zuletzt erheblich eingetrübt. Die mit dem Stichwort «Arabischer Frühling» verbundenen Hoffnungen, dass sich auch in Ländern wie Ägypten, Tunesien, Libyen und Marokko eine demokratische Umformung ehemals diktatorischer oder autoritärer Staaten vollziehen könne, sind jäh enttäuscht worden. Und viele der Demokratisierungsprozesse in den Ländern Ost- und Mitteleuropas sind wieder gestoppt oder durch neue autoritäre Regierungsformen ersetzt worden. Und auch die Demokratien, die wegen ihres Alters und ihres scheinbar stabilen institutionellen Gerüsts als «konsolidiert» bezeichnet werden können, sehen sich enormen Herausforderungen ausgesetzt. Populistische Bewegungen stellen zentrale Mechanismen ihrer repräsentativen Verfassung infrage, Bürger und Bürgerinnen entziehen Institutionen und Parteien ihr Vertrauen, in den sozialen Medien wie auch in öffentlicher Diskussion herrscht ein rauer Ton vor, Hass, Wut und Schmähungen lassen politische Verständigung und Entscheidungsbildung zunehmend schwieriger werden. Die Gesellschaften haben sich polarisiert, die Demokratien geraten unter Druck. Krisenerscheinungen stellen die Legitimität demokratischer politischer Systeme infrage.

Bereits die Krise der Demokratien im 20. Jahrhundert, die Auflösung der Weimarer Republik beispielsweise, zeigte, wie gefährdet Demokratien sind. Dass sie nicht nur gefährdet, sondern auch umstritten sind, belegt zudem die historische Erfahrung alternativer, tyrannischer, autoritärer oder diktatorischer Regime. Auch die Rede von demokratischen Defiziten oder defekten Demokratien zeigt an, dass Demokratien nicht nur in der wissenschaftlichen Analyse, sondern auch in der politisch-polemischen Auseinandersetzung an sehr unterschiedlichen Maßstäben gemessen werden können. Einem vermeintlichen Idealbild der Demokratie kann die Praxis der gelebten Demokratie selten oder kaum entsprechen. Hinter der «wahren» Demokratie muss jede reale Demokratie zurückbleiben. Die langsame, konfliktreiche Durchsetzung demokratischer Prinzipien im 18. und 19. Jahrhundert verdeutlicht auch, dass Demokratien höchst voraussetzungsvolle Formen politischer Ordnung sind.

Kaum ein Begriff ist in der Tradition politischen Denkens so umstritten geblieben wie der der Demokratie. Das liegt vor allem daran, dass Demokratie nie ein nur empirischer oder deskriptiver Begriff geblieben ist, sondern immer auch ein normatives Ideal umschrieben hat. Demokratie war und ist in einem gewissen Sinne bis heute ein politischer Kampfbegriff geblieben. Viele unterschiedliche politische, nicht zuletzt liberale, konservative und sozialistische Strömungen haben sich auf die Demokratie bezogen, demokratische Defizite konstatiert, ein Mehr an Demokratie eingeklagt oder aber sich von zu viel Demokratie distanziert. Demokratie war bei den Griechen eine politische Praxis, die sich langsam herausgebildet hatte und dann für zwei Jahrhunderte erstaunlich stabil blieb. Je länger die Praxis andauerte, desto stärker wurden aber auch die Kritiken, die von den Philosophen formuliert wurden. Dem Hohelied auf die Demokratie, wie sie uns von Perikles' Gefallenenrede durch Thukydides überliefert ist, stand alsbald die fulminante Kritik eines die politische Philosophie begründenden Platon gegenüber. So großartig die attische Demokratie auch war, einen Sokrates ertrug sie nicht: Sie verurteilte ihn zum Tode. Die Demokratie wurde von den Athenern erfunden, sie wurde von den Griechen aber auch bestritten. Über viele Jahrhunderte wurde dann der Demokratiebegriff nur negativ konnotiert, die Demokratie galt als eine instabile Regierungs- und Verfassungsform, an deren Stelle andere, monarchische oder aristokratische Verfassungen treten sollten. Das lag vor allem daran, dass Demokratie als die «Herrschaft des Pöbels», des gemeinen Volkes und der Armen, denunziert wurde. Dies war eine der Wortbedeutungen von «Demos», auf Deutsch: das Volk. Es konnte aber immer auch die Gesamtheit der Bürger bedeuten, die in einem politischen Gemeinwesen handelten, berieten und entschieden. Hier bedeutete Demokratie, dass die Freien und Gleichen herrschten (griechisch: *kratein*). Alle freien und gleichen Bürger hatten demnach Anteil an der Regierung, oder in den Worten von Aristoteles, Demokratie meinte, «dass alle über jeden herrschen und jeder wechselweise über alle».

In Athen hatte sich die Herrschaft der Vielen, die *demokratia*, herausgebildet. Sie fand in Rom kein direktes Pendant, die Republik war eine Herrschaft der Aristokraten, allerdings mit einem hohen legitimatorischen Anteil des Volkes, und erst in der Neuzeit, vor allem aber zur Zeit der Amerikanischen und Französischen Revolution des 18. Jahrhunderts, tauchte der Begriff der Demokratie mit seinem ursprünglichen Bedeutungsgehalt wieder auf. Zuvor, im späten Mittelalter und in der italienischen Renaissance, dann aber auch in der mitteleuropäischen und deutschen Stadtverfassung, war es eher der Begriff der Republik, der Formen bürgerschaftlichen Selbstregierens bezeichnete. Auch spielte in der spätmittelalterlichen Philosophie der Gedanke des Konsenses, der Zustimmung zu Herrschaft und politischer Regierung, eine zunehmend größere Rolle. Doch im Sinne einer umfassenden Teilhabe des gesamten Volkes am politischen Entscheidungsprozess und der Legitimation politischer Herrschaft durch die Gesamtheit der Bürger gewinnt der Demokratiebegriff erst mit Rousseau und dann den Revolutionen des 18. Jahrhunderts an positiver Bedeutung und dann auch an erheblicher politischer Dynamik. Demokratie wurde nun als Herrschaft des Volkes, vor allem als Volkssouveränität begriffen, aus der heraus sich das gesamte politische Gemeinwesen konstituieren und legitimieren musste. Die Herrschaft des Volkes über sich selbst drückte sich in der Selbstgesetzgebung, auch in der Verfassungsgebung, aus, das Volk gab sich selbst die Gesetze und die ausführende Regierung. Thomas Paine, der nordamerikanische Revolutionär, hatte, wie auch Abraham Lincoln ein Jahrhundert später es wieder aufnahm, die Demokratie als *government by the people, of the people, and for the people* bezeichnet. Eine Regierung also, die vom Volk abgeleitet, durch das Volk legitimiert und für das Volk ausgeführt werden sollte. Damit war wieder ein umfassender, positiver Begriff von Demokratie eingeführt worden, der aber in der konkreten Umsetzung mehr Fragen als Antworten beinhaltete. Wie sollte die Herrschaft des Volkes organisiert werden, war eine umfassende Teilhabe aller Bürger zu jeder Zeit und bei jeder Entscheidungsmaterie zu gewährleisten, woran lässt sich der demokratische Gehalt einer Entscheidung messen – kurzum: Wie demokratisch muss eine Demokratie sein, um als Demokratie bezeichnet werden zu können? Legitimität und Effizienz, institutionelle Struktur, politische Partizipation, formale Prozeduren und inhaltliche Entscheidungen – diese Strukturfragen entschieden über den Gehalt der Demokratie, aber auch über die konkreten Formen und die Praxis demokratischer Ordnungen. Dabei war von Athen das Modell der unmittelbaren, radikalen Demokratie, die Versammlungsdemokratie, überliefert. Aber wegen der sehr viel größeren räumlichen Ausdehnung des modernen Territorialstaates stellte sich hier – wie beispielsweise auch heute in der Globalisierungsdebatte – die Frage nach der Transformation der Demokratie. Zugleich war auch der Einbezug aller Bürger, aller Schichten und beider Geschlechter, zu gewährleisten. Das führte dann vor allem im 18. und 19. Jahrhundert zur teilweisen Neuerfindung der Demokratie, die fortan als mittelbare, repräsentative Demokratie organisiert wurde. Zugleich stellte sich damit das alte, aus der Antike bekannte Problem in der Moderne neu und diesmal sogar noch dringlicher: Bedeutete Demokratie, dass alle Bürger umfassend am Beratungs-, Entscheidungs- und Ausführungsprozess der Politik beteiligt werden mussten und sollten, also größtmögliche, wenn nicht gar allumfassende Partizipation sichergestellt werden musste, oder war es denkbar, dass auch in der Demokratie das Geschäft der Politik arbeitsteilig unternommen werden konnte, einige wenige berieten und entschieden, das Volk aber seine Beteiligung vor allem am Wahltag – und bisweilen bei einigen Sachabstimmungen – manifest werden ließ? Was bei Aristoteles in den beiden Verfassungsformen von Aristokratie und Demokratie eingefangen wurde, dann zu einer Mischform, der Politie, als Idealverfassung entwickelt worden war, das stellte sich nun als das Problem von Elitendemokratie hier und Massendemokratie dort dar. Die Lösung konnte darin gesehen werden, ein System der Demokratie zu entwerfen, in dem eine weitgehende Partizipation ermöglicht, wenngleich nicht immer vorausgesetzt werden konnte, bisweilen auch nicht erwünscht war, die politischen Eliten zwar als Repräsentanten der Bürger mit Deliberation und Dezision beauftragt, aber von einer starken öffentlichen

Meinung kontrolliert und an die Wahlbürger zurückgebunden wurden. Dieses Modell wurde von vielen als liberale Demokratie bezeichnet, als eine auf Repräsentation und Öffentlichkeit gegründete Demokratie, die eine Liaison mit dem Verfassungsstaat einging, die Grund- und Menschenrechte beachtete, Gewaltenteilung praktizierte und damit sowohl dem Gedanken der Volkssouveränität als auch dem des Schutzes von Minderheiten gerecht werden konnte. Gleichwohl hat sich die Demokratie innerhalb des Spannungsrahmens von repräsentativer und direkter, plebiszitärer Ausprägung entwickeln und behaupten müssen. Gewissermaßen liegen zwischen den beiden Konzepten unmittelbarer, direkter Demokratie und mittelbarer, repräsentativer Demokratie die Strukturprobleme moderner Demokratien überhaupt, von Freiheit und Gleichheit, von Mehrheit und Minderheit, von bürgerschaftlichem Engagement und politischer Apathie, begründet. Eine reine «Wahldemokratie», wie sie als demokratisches Minimum definiert wird, markiert dann das eine Ende der demokratischen Skala, die unmittelbare, direkte – oder wie sie vielfach genannt wird: radikale – Demokratie wäre am anderen Ende der Skala anzusetzen. Zwischen diesen beiden Polen indes hat sich die Demokratie, wo sie etabliert war, immer wieder, mal in die eine, mal in die andere Richtung, bewegt. Von einem steten Siegeszug der Demokratie konnte nie und kann auch heute nicht gesprochen werden. Die Demokratie, immer gefährdet und angefochten, musste stets erkämpft und behauptet werden. Das war schon am Anfang der Geschichte der Demokratie, in Griechenland, nicht anders.

II. Die Entstehung der Demokratie

Als der attische König Theseus vom Herold aus Theben gefragt wird, wem er die Botschaft des thebanischen Königs Kreon überbringen könne – «Wer ist hier der absolute König?» –, da setzt Theseus zu einem Loblied auf Athen an:

> «Nichts ist dem Volke so verhasst wie ein Tyrann.
> Dort gelten nicht als Höchstes die gemeinsamen
> Gesetze; einer schaltet als Gesetzesherr
> Ganz unumschränkt, und das ist keine Gleichheit mehr.
> Doch werden die Gesetze schriftlich festgelegt,
> genießt der Arme wie der Reiche gleiches Recht;
> die freie Rede steht dem Armen zu wie dem
> vom Glück Gesegneten, wenn er beleidigt wird,
> und hat er recht, besiegt der kleine Mann den großen.
> So klingt der Ruf der Freiheit: ‹Wer will einen Rat,
> der unsrem Staate nützt, vor die Versammlung bringen?›
> Und wer es wünscht, der erntet Ruhm, wer nicht,
> kann schweigen.
> Wo gibt es größere Gleichheit noch in einem Staat?»

Die Rede des Theseus findet sich bei Euripides, in dessen Drama *Hiketiden* (Die Schutzflehenden – 424 v. Chr.). Hier werden die Grundlagen der Demokratie Athens genannt: Gleichheit vor dem Gesetz, das Recht der freien Rede, die gemeinsame Beratung, schriftlich festgelegte Gesetze. Das Erstaunen des thebanischen Herolds über die Verhältnisse in Athen zeigt sich, als er in seiner Gegenrede das Loblied auf die Monarchie singt: «… in der Stadt, die mich entsandte, wird die Herrschaft von einem Manne, nicht vom Pöbel ausgeübt; und keinen gibt es, der das Volk durch eitles Schwatzen – zum eigenen Vorteil nur! – bald hier, bald dorthin lenkt. … Wie kann überhaupt das Volk den Staat beherrschen, wo es nicht die Redekunst beherrscht? Und ein armer Bauersmann mag zwar nicht unvernünftig sein – im Drange seiner Arbeit kann er jedoch kaum den Blick auf das Gemeinwohl richten!» – Euripides macht den thebanischen Herold zum Sprachrohr der Demokratiekritik: das Volk als «Pöbel», Demokratie als Veranstaltung der Demagogen und Schwätzer, der einfache Mann zur Politik nicht fähig. Das Unverständnis des Thebaners änderte indes nichts daran, dass Athen für knapp zwei Jahrhunderte eine funktionsfähige Demokratie gewesen ist.

Nach athenischer Auffassung war *demokratia* eine Verfassungsform, in der das Volk (*demos*) die Macht (*kratos*) in der Polis innehatte. Darunter wurde verstanden, dass das Volk die volle Gesetzgebungs-, Regierungs-, Kontroll- und Gerichtsgewalt ausübte. Allein das Volk beschloss Gesetze und Dekrete, es wählte die Beamten, es übte die Kontrolle der gewählten und erlosten Amtsträger aus, es prüfte die Amtsführung und es bestimmte die Richter. Damit war die Demokratie in Athen ein Regime direkter, unmittelbarer Herrschaft des Volkes, das auf umfassender Beteiligung aller männlichen Bürger beruhte und das keine Unterschiede zwischen arm und reich kannte. Die Demokratie Athens zeichnete sich durch ein Maß an Bürgerbeteiligung aus, das seitdem kaum wieder erreicht worden ist.

Die Reformen von Kleisthenes (508/507 v. Chr.) begründen die athenische Demokratie, mit der erfolgreichen Zurückweisung der beiden persischen Einfälle in Griechenland (490 und 480 v. Chr.) beginnt das goldene Zeitalter der Demokratie, das vor allem mit dem Namen Perikles verbunden ist. Während des Peloponnesischen Krieges, der 431 v. Chr. ausbrach und sich bis 404 hinzog, zeigten sich Krisen der Demokratie, die aber, nach oligarchischen Intervallen, überwunden werden konnten. Die Demokratie wurde wieder neu eingerichtet und erlebte im Zeitalter des Demosthenes bis etwa 322 v. Chr. eine neue Blüte. Nach dem Tod Alexanders des Großen endet die klassische Epoche der attischen Demokratie.

Wenn die Verfassung Athens von den Reformen des Kleisthenes von 508/7 an bis zur Niederlage im so genannten Lamischen Krieg 322 eine *demokratia* war, so lassen sich die ersten Zeugnisse für den Begriff «Demokratie» jedoch erst im letzten Drittel des 5. Jahrhunderts finden. Die älteste Quelle ist Herodot, der um 430 v. Chr. festhält, dass es Kleisthenes war, der die *demokratia* in Athen eingeführt hat. 411 verabschiedete die athenische Volksversammlung ein Dekret, in dem ebenfalls Kleisthenes als Vater der Demokratie bezeichnet wird. *Demokratia* tauchte also erst zu einem relativ späten Zeitpunkt als Begriff auf, nachdem das, was damit bezeichnet wurde, längst praktiziert worden war. Der Begriff scheint lange Zeit unbekannt gewesen zu sein, die Rede war von *isonomia* (gleiches Recht), *isegoria* (gleiches Recht der Rede) oder *isokratia* (gleicher Anspruch auf Herrschaft). Damit wird deutlich, dass vor allem der Gedanke der Gleichheit entscheidend war für die neue demokratische Ordnung, die sich gleichermaßen von der Tyrannis wie der aristokratischen Gesellschaft abgrenzte. So war auch in zwei Gesetzen gegen die Tyrannis von 401 und 336 v. Chr. eine Strafe, nämlich die Vogelfreiheit, für die Abschaffung der *demokratia* bestimmt. Auf einer Stele war neben dem Gesetz von 336 übrigens auch das Relief der Göttin Demokratia zu sehen, die einen bärtigen alten Mann, den *demos* darstellend, bekränzt.

Die *demokratia* wurde nicht nur symbolisch zur Darstellung gebracht, sondern die *demokratia* wurde, wenngleich erst sehr spät, auch zu einem Gegenstand kultischer Verehrung und Vergewisserung gemacht. So hatte der Rat 333 v. Chr. beschlossen, dass der Göttin Demokratia auf der Agora, dem Markt- und Versammlungsplatz, eine Statue zu errichten war, deren Inschrift zeigte, dass die Strategen der Göttin jedes Jahr ein Opfer darbringen mussten. Auch in Tragödien und Komödien wie in den «Historien» Herodots ist der Begriff *demokratia* bezeugt. In den schon zitierten Hiketiden lässt Euripides Theseus sagen: «Ich habe das Volk zum Monarchen eingesetzt!» und: «Das Volk herrscht hier in jährlichem Turnus». Andernorts begegnet die Formel «Die Macht ist hier ‹vervolklicht›!». Reden in der Volksversammlung und vor den Gerichten rühmten die athenische Verfassung als eine *demokratia*. In der Gefallenenrede bei Thukydides sagt Perikles ausdrücklich, dass Athen eine *demokratia* genannt wird. Vom Siegeszug der Demokratie zeugen schließlich auch Grabinschriften und Namensgebungen. Zahlreiche Schiffe der athenischen Kriegsflotte trugen den Namen *Demokratia*.

Die Demokratie wurde in Athen erfunden, es gab aber keine Blaupause, kein Modell, keine Theorie, nach der die Institutionen entworfen und errichtet worden wären. Die Demokratie hat sich im Laufe der Zeit herausgebildet und sie hat sich auch, soviel wir wissen, zuerst in Athen voll entfaltet, bevor sie in anderen griechischen städtischen Gemeinwesen, den Poleis, zumeist auf Druck Athens, eingeführt wurde. Ganz ohne Frage war die Herausbildung des attischen Seereiches eine notwendige, wenngleich keine hinreichende Voraussetzung der Demokratie in Athen. Für die Etablierung und die Sicherung des Seereiches war die Flotte, und damit die untere Bevölkerungsschicht, die die Mannschaften stellte, unentbehrlich. Neben den Hopliten, den bewaffneten Kämpfern, die die Phalanx bildeten, mussten deshalb auch die Ruderer, die so genannten Theten, in den athenischen Bürgerverband einbezogen werden. Vor allem bei der Abwehr der Perser 490 bis 479 v. Chr. sind, auf Initiative des Themistokles, die Nichtbesitzenden, die Theten, auf die Kriegsflotte gesetzt worden. Sie erwiesen sich als unentbehrlich für den Sieg und konnten fortan politisch nicht mehr ignoriert werden. Es waren dann diese Schichten, mit deren Unterstützung Ephialtes und Perikles den Areopag, das Organ des Adels, stürzten und die Demokratie zu dem werden ließen, was heute als das klassische Modell athenischer Demokratie überliefert ist. Es waren mithin die äußeren Ereignisse der Perserkriege und des Attischen Seebundes gewesen, die die Entwicklung zur Demokratie, zu einer alle Bevölkerungsschichten umfassenden Herrschaft des Volkes, erst wirklich zum Ziel gelangen ließen.

Zuvor aber waren die Reformen, die Kleisthenes und bereits Solon eingeführt hatten, die entscheidenden Weichenstellungen gewesen. Solon (594 v. Chr.) beseitigte große soziale Missstände und schuf politische Institutionen, die Marksteine auf dem Weg zu einer demokratischen Ordnung werden sollten. Mittels der so genannten Lastenabschüttelung und der Abschaffung der Schuldknechtschaft wurden die Bauern von ihren drückenden Schulden und der Gefahr, in die Sklaverei abzurutschen, befreit. Solon schuf vier Vermögensklassen, was an sich noch keine genuin demokratische Reform genannt werden konnte, aber es bedeutete doch eine vorentscheidende Abkehr vom aristokratischen, auf Herkunft beruhenden Prinzip gesellschaftlicher und politischer Ordnung. Aber mit Solon, der später vor allem von Aristoteles als der große Gesetzgeber Athens bezeichnet wurde – was die Zeugnisse nicht im Einzelnen zu belegen vermögen –, hatte sich auch die Vorstellung durchsetzen können, dass die politische Ordnung gestaltbar war. Damit war gewissermaßen die Politik als ein Bereich, der der Gestaltung fähig ist, erfunden. Politik, *tá politiká*, war nun bürgerschaftliches Handeln, welches gerecht und auf eine gute Ordnung gerichtet sein musste. *Dike* (gerechtes Handeln) und *Eunomia* (gute Ordnung) wurden zu Voraussetzung und Ziel politischen Handelns. Das galt auch für die Demokratie und ihre Institutionen.

Mit Kleisthenes bekam die attische Demokratie ihre grundlegende institutionelle Struktur. Die List der Vernunft bestand nun auch hier darin, dass Kleisthenes seine Reformen wohl keineswegs als Maßnahmen der bewussten Demokratisierung intendiert hatte. Vielmehr hoffte er im Kampf unterschiedlicher aristokratischer Gruppen mit seinen Veränderungen das einfache Volk auf seine Seite ziehen und Isagoras, dem Konkurrenten, entgegentreten zu können. Zuvor war, nicht zuletzt mit Hilfe der verfeindeten Spartaner, das Regime des Tyrannen Hippias, der auf seinen Vater Peisistratos folgte, beendet worden. Anschließend hatten die Athener die Spartaner herausgeworfen, riefen Kleisthenes wieder zurück und verurteilten Isagoras in Abwesenheit zum Tode. Innerhalb von drei Jahren wurden damit nicht nur die Tyrannen vertrieben, auch die Herrschaft der Aristokraten endete, um der Demokratie Platz zu machen.

Die Reformen von Kleisthenes bewirkten vor allem die Entstehung einer einheitlichen politischen Bürgerschaft Attikas. Dies wurde durch eine Neuordnung der so genannten Phylen, der Stämme, erreicht, mit denen sich die Bindung an die lokale Herkunft und Familie entschieden lockerte. Zur neuen Grundlage der politischen Ordnung wurden die Gemeinden, die *Demen*. Diese Demen waren, modern gesprochen, Kommunen lokaler Selbstverwaltung. Hier entstand eine politische Gemeinschaft, in der *isonomia* und *isegoria* praktiziert wurden und, als Folge, sich ein Sinn für bürgerschaftliches Handeln und politische Verantwortung entwickelte. Denn zum einen erhielten die Demen auch das Recht, Bürgerlisten zu führen, zum anderen besaßen sie eigene Beamte und Priester und führten Gemeindeversammlungen durch. War damit eine gewisse Autonomie der lokalen politischen und kultischen Gemeinschaft geschaffen, so bewirkten die Reformen von Kleisthenes zugleich ein fast schon föderal zu nennendes politisches Mehrebenensystem. Denn die Demen delegierten, teils durch Wahl, teils durch Losung, eine ihrer Bürgerzahl entsprechende Quote von Mitgliedern in einen ebenfalls neu geschaffenen «Rat der Fünfhundert». Damit war die Repräsentanz der Demen im politischen Zentrum Athens gewährleistet. Gleichzeitig gelang es Kleisthenes, die Demen wieder in dreißig so genannte Trittyen zusammenzufassen. In je zehn dieser Trittyen waren die Regionen von Stadt, Küste und Binnenland eingeteilt. Indem Kleisthenes je eine Trittys aus den verschiedenen Regionen zu einer neuen Phyle kombinierte, waren nicht nur «Querschnitte» durch die Regionen hergestellt, sondern auch eine «Mischung» der Bürgerschaft erzielt. Die gesamte Bevölkerung Attikas war nun nach repräsentativen Kriterien politisch zusammengesetzt. Durch das Aufbrechen lokaler und regionaler, althergebrachter und vertrauter Bindungen und die Herausbildung überregionaler Interessen wuchs so die Bürgerschaft zusammen. Die «Vermischung» der Bürger, wie es Aristoteles später nannte, ließ eine integrierte Polis, ein politisches Gemeinwesen entstehen. Das bürgerschaftliche Bewusstsein drückte sich dann auch in der Kleisthenes zugeschriebenen Einführung des *Ostrakismos*, des Scherbengerichts, aus. Politische Führer konnten für zehn Jahre in die Verbannung geschickt werden, ohne indes den Bürgerstatus oder das Eigentum zu verlieren. Dieses Verfahren hatte zwei Stufen. Jedes Jahr konnte das Volk in einer Volksversammlung durch Handerheben darüber abstimmen, ob es einen *Ostrakismos* geben sollte. Wenn dies der Fall war, fand das Scherbengericht dann zwei Monate später auf der Agora statt, indem jeder Bürger eine Tonscherbe (Ostrakon) einwarf, auf der er den Namen des zu Verbannenden eingekratzt hatte. Zwanzig Jahre nach Einführung hielten die Athener 487 erstmals einen *Ostrakismos* ab, um einen Verwandten des ehemaligen Tyrannen zu verbannen. Der letzte *Ostrakismos* wurde 417 durchgeführt.

Die Reformen von Kleisthenes hatten die soziokulturellen Voraussetzungen für die Entfaltung der Demokratie geschaffen. Hinzu traten nur noch zwei institutionelle Neuerungen, die das System der politischen Entscheidung und Kontrolle neu zentrierten. Zum einen wurde der Areopag als letzte Bastion der Aristokratie entmachtet, zum anderen wurde durch die Einführung der Diäten, von Tagegeldern als Ausgleich für den Verdienstausfall, die Partizipationsmöglichkeit auch der einfachen Bürger sichergestellt. Die erste Veränderung geht auf Ephialtes, die zweite auf Perikles zurück. Ersterer hatte 462 die Entmachtung des Areopags betrieben, als sich viertausend Hopliten, die Bürger der mittleren Vermögens- und Gesellschaftsschicht, unter Kimon, dem ersten Mann Athens, auf der Peloponnes befanden und deshalb die armen Bürger in der Volksversammlung in der Mehrheit waren. Als Kimon nach seiner Rückkehr versuchte, das neue Gesetz über die Entmachtung des Areopags wieder rückgängig zu machen, scheiterte er und wurde 461 selber mit einem Ostrakismos aus der Stadt verbannt. Das zeigte, dass sich die neue Ordnung, auch gegen Widerstände, durchzusetzen wusste und verstetigen ließ. Volksversammlung und Rat wurden zu den zentralen Organen des Gesamtvolkes. Durch die Entmachtung des Areopags, der sich bis dahin fest in aristokratischer Hand befunden hatte und der durch seine Mittel zur Beeinflussung der Exekutive immer noch einen bestimmenden Einfluss auf die athenische Politik ausgeübt hatte, fand auch eine Übertragung der Beamtenkontrolle auf das gesamte Volk statt. Mit der Volksversammlung und dem Rat wurde auch das Volksgericht gestärkt, weil ihm Kompetenzen, die zuvor der Areopag besessen hatte, übertragen wurden. Auch die Volksgerichte waren dem unmittelbaren demokratischen Einfluss des gesamten Volkes ausgesetzt. Mit diesen Reformen wuchs nicht nur die Bedeutung der Institutionen von Versammlung, Rat und Gericht, sondern erhöhten sich auch die tatsächliche Arbeitslast und die damit verbundene Notwendigkeit der Bürger zu dauerhafter und verstetigter Teilhabe. Perikles, als «Führer des Volkes» Nachfolger des Ephialtes und über 32 Jahre die bestimmende Figur in Athen, zog aus diesen politischen Veränderungen die letzten institutionellen Konsequenzen: Bürger wurden für ihre politische Aktivität bezahlt. Damit war es auch armen Bürgern möglich, an den Institutionen der Demokratie teilzunehmen. Zunächst wurden Diäten nur für Gerichtsversammlungen eingeführt, danach gab es auch Entschädigungen für den Besuch der Volksversammlung. Damit war der letzte Baustein für die volle Entfaltung der athenischen Demokratie gesetzt.

Wie sahen nun die Institutionen und Verfahren der athenischen Demokratie aus, wie funktionierte sie und wer war daran beteiligt? Zunächst einmal kann festgehalten werden, dass alle männlichen Bürger Athens, die das Bürgerrecht besaßen, an der Demokratie teilhatten. Zwar bestanden die solonischen Vermögensklassen formal fort, doch besaßen sie keine praktische Bedeutung mehr. Damit war nicht nur rechtlich, sondern auch faktisch ein Ausmaß an Bürgerbeteiligung erreicht, das in der Folge kaum mehr erzielt wurde. Die Demokratie Athens war eine direkte, unmittelbare Demokratie. Sie besaß ein komplexes System von Institutionen, die sich in Mitgliedschaft, Struktur und Aufgaben unterschieden. In der Volksversammlung (*ekklesia*) kam das Volk von Athen zusammen. Die Ekklesia war der Ort, an dem sich die ganze – männliche – Bürgerschaft traf. Sie war das Machtzentrum. Spätestens seit den Reformen des Ephialtes 462 bildeten die Theten die Mehrheit. Doch bestand die Volksversammlung keineswegs nur aus Arbeitern, Händlern oder Ruderern. Platon hielt fest, dass die Reden in der Volksversammlung von Schmieden, Schustern, Kaufleuten, Seeleuten, Reichen, Armen, den Großen und den Niedrigen gehalten wurden. Doch dürfte spätestens mit dem Zeitpunkt, ab dem Tagegelder gezahlt wurden, die ärmere Bevölkerung in der Überzahl gewesen sein, was wiederum Platon zu der Kritik veranlasste, in der Volksversammlung habe sich nur der besitz- und bildungslose Pöbel versammelt. Von etwa 30000 bis 35000 erwachsenen Bürgern in der Blütezeit der Demokratie besuchten natürlich nicht alle die Volksversammlung. Das Quorum beim Ostrakismos war auf 6000 Personen festgelegt. Von daher kann davon ausgegangen werden, dass die Athener eine Versammlung von mindestens 6000 Personen für gleichbedeutend mit der Masse des Volkes hielten. Und Zeugnisse lassen auch den Schluss zu, dass normalerweise Volksversammlungen in dieser Größenordnung stattfanden. Ort der Versammlung war die Pnyx, ein Hügel, der ungefähr 400 Meter südwestlich der Agora lag, wo vor den Reformen des Ephialtes die Versammlungen stattfanden. Die Versammlungsstätte auf der Pnyx wurde mehrfach erweitert, um mehr Teilnehmern Platz zu bieten. Die Pnyx wurde zum Symbol für die Volksversammlung und für die Demokratie selber. Bei Aristophanes wird die Personifikation des athenischen Volkes «Herr Demos von der Pnyx» genannt. Gesessen wurde in einem Halbkreis direkt auf dem Boden, teilzunehmen war allen erwachsenen männlichen Bürgern vorbehalten, die in den Listen, die von den Demen verwaltet wurden, eingetragen waren. Ausgeschlossen von der Versammlung waren Frauen, Metöken (Mitbewohner ohne Bürgerstatus) und Sklaven, aber auch solche Bürger, die ihre Bürgerrechte verloren hatten. Die Volksversammlung trat häufig zusammen, im 4. Jahrhundert gab es allein vierzig, nach einem bestimmten Kalender für das Amtsjahr festgelegte Pflichtsitzungen. Die Sitzungen der Volksversammlung konnten nicht länger als einen Tag dauern, sie wurden durch öffentlichen Anschlag auf dem Markt vier Tage vor dem Sitzungstermin mit Angabe des Verhandlungsgegenstandes angekündigt. Aristoteles hat in seiner Schrift über den *Staat der Athener* die Beratungs- und Entscheidungssachen der Volksversammlung aufgelistet: Vor allem ging es um die Kontrolle der Amtsträger, die Versorgung und Sicherheit Athens, die Erhebung politischer Anklagen, Konfiskationen, Erbansprüche, Scherbengerichte, aber auch Petitionen, Fragen des Kultes und der Gesandtschaften wurden behandelt.

Im Rat der Fünfhundert wurde die Volksversammlung vorbereitet. Der Rat beriet die Gegenstände der Volksversammlung, verabschiedete ein vorläufiges Dekret und bestimmte die Tagesordnung der Volksversammlung. Diese Vorbereitung, das *probuleuma*, hatte eine für die Willensbildung in der Volksversammlung kanalisierende und lenkende, wenngleich keine entscheidende Funktion. Die großen politischen Debatten fanden immer vor der Volksversammlung statt, kaum jemals im Rat. Insofern vollzog sich die Politik in Athen wirklich in der Volksversammlung und nicht im Rat der Fünfhundert. In diesem saßen je fünfzig Vertreter der zehn Phylen, eine jede war jeweils für ein Zehntel des Amtsjahres, also 36 Tage, geschäftsführend.

Dieser Ausschuss, die so genannte *Prytanie*, loste täglich einen Vorsteher aus, der dann nicht nur dem Rat, sondern auch der Volksversammlung vorsaß. Der tägliche Wechsel im Vorsitz ließ keine Machtverstetigung, keine privilegierende Machtpositionierung zu und bezeugt gerade damit die gleichen Partizipations- und Einflusschancen eines jeden.

Athens Demokratie ging aber nicht in der Beteiligung eines jeden Bürgers an der Volksversammlung auf. Sie erstreckte sich auch auf die Gerichte, die wegen ihres besonderen Charakters eher als Gerichtsversammlungen bezeichnet werden müssen. Die Dikasterien waren reine Laiengerichte, sie waren allen Bürgern über dreißig Jahre zugänglich. 6000 Bürger wurden jährlich durch das Los zu Richtern bestimmt. Berufsrichter gab es nicht – wie übrigens auch die Demokratie Athens keinen eigenen Juristenstand oder eine große Rechtskodifikation und auch keine Rechtskommentare hervorgebracht hat. Die erlosten Richter hatten alle einen Eid zu leisten, der sie verpflichtete, in Übereinstimmung mit den Gesetzen sowie den Beschlüssen von Volk und Rat zu richten. Aus diesem Corpus vereidigter Richter wurden die einzelnen Gerichtshöfe, die von unterschiedlicher Größe waren, bestellt. Für öffentliche Prozesse wurden etwa fünfhundert Richter bestimmt. Manchmal auch wurden bei wichtigen Prozessen mehrere solcher Einheiten von fünfhundert Richtern gebildet, so dass dann mehrere tausend Richter zur gleichen Zeit tagen konnten. Für einen Fall ist überliefert, dass alle sechstausend Richter zu einem einzigen Gerichtshof zusammentraten. Bei Privatprozessen wurde in der Regel ein Kollegium von zweihundert oder vierhundert Richtern gebildet.

Ekklesia und *dikasteria* bilden, mit modernen Begriffen belegt, Legislative und Judikative. Doch treffen diese Bezeichnungen im Grunde die Machtkonzentration des athenischen Demos nicht. Denn es war gerade eben keine Gewaltenteilung, sondern die Ableitung und der Verbleib aller Macht bei der Gesamtheit der Bürgerschaft. Das traf nun auch zu für das, was die moderne Begrifflichkeit als die Exekutive, die ausführende Gewalt, bezeichnet. Und hier gilt nichts anderes als das, was für Volks- und Gerichtsversammlung gesagt wurde. Athen kannte keine besondere Beamtenschaft, keine Amtselite, die folglich auch keine besondere Selbständigkeit oder funktionelle Ausdifferenzierung von anderen Gewalten, in Sonderheit von der beschließenden Volksversammlung, für sich hätte reklamieren können. Insofern gab es auch in Athen keine gesonderte Institution der Regierung, weil Regieren und Regiertwerden letztlich eins waren, allenfalls, wie Aristoteles später formulierte, wechselweise vonstattengingen. Zur Idee der Demokratie gehörte es, dass ein jeder Bürger als befähigt erachtet werden konnte, ein Amt zu bekleiden. Deshalb galt für die Ämterordnung auch das Prinzip der Bestimmung durch das Los, der strikten zeitlichen Begrenzung und der lückenlosen Ämterkontrolle und Rechenschaftsablegung. Das Amt wurde durch Los besetzt, nur wenige herausgehobene Ämter, die besondere Kenntnisse erforderten, wie etwa Finanzverwaltung, Städtebau, Wasserversorgung und das Amt der Strategen (militärische Befehlshaber), die vor allem für die äußere Sicherheit und die Kriegsführung zuständig waren, wurden gewählt. Von den etwa 1200 Amtsträgern wurden etwa 1100 erlost und nur hundert gewählt.

Erlosung ist für heutige demokratische Systeme nahezu völlig unbekannt. In einigen Schweizer Kantonen und in vielen italienischen Stadtrepubliken wurde dieses Prinzip der Ämterbesetzung bis ins 18. Jahrhundert praktiziert. Das Los ist Symbol für bürgerschaftliche Gleichheit, weil es divergierende Interessen, gesellschaftliche Stellungen und Vermögensunterschiede neutralisiert. Außerdem verhindert das Losverfahren Protektionismus und andere Formen der Bevorteilung im Prozess der Ämterbesetzung. Nirgends, so kann geschlussfolgert werden, drückte sich das Ideal der gleichen Chance auf Teilhabe und Teilnahme an der Politik so klar aus wie in der athenischen Demokratie. Dass auch ein jeder Bürger tatsächlich in die Lage versetzt wurde, das Amt zu übernehmen, dafür sorgte die Entlohnung, mittels derer die Bürger für die Ausübung ihrer politischen Rechte entschädigt wurden. Praktisch unbedeutend war auch die Zugehörigkeit zu einer Vermögensklasse für den Zugang zu den Ämtern. Rechnet man zu den fünfhundert Ratsmitgliedern die siebenhundert Amtsträger und die bisweilen weit über tausend Richter, so wird die hohe ständige Beteiligung der Bürger Athens deutlich.

Es scheint so zu sein, als wenn sich im 4. Jahrhundert v. Chr. eine Abkehr von der ursprünglich sehr «radikalen» Demokratie Athens ankündigte. Ein Anzeichen dafür ist, dass die Athener ab 403/2, mit der Wiederherstellung der Demokratie, die Diäten für Magistrate abschafften – wobei sie die Bezahlung für die Volksversammlung und die Gerichte jedoch wieder einführten. Damit war es nicht mehr allen Bürgern gleichermaßen möglich, ein Amt auszuüben. Wenngleich damit noch keine «Oligarchisierung» der Demokratie eingeleitet wurde, war es doch ein Mittel, die Auswahl von Amtsträgern zu steuern. Hinzu trat eine andere, bedeutende institutionelle Veränderung, die zu einer Relativierung der Macht der Volksversammlung führte. Noch 403/2 wurde eine besondere Institution, nämlich die der *Nomotheten*, etabliert. Das Gesetzgebungsverfahren wurde so geändert, dass die Nomotheten die bedeutenderen, also höherrangigen Gesetze geben sollten, wohingegen die Volksversammlung nur nachrangige Dekrete erlassen konnte. Damit wurden zwei Normenarten voneinander geschieden und in eine hierarchische Ordnung gebracht. Die Nomotheten wurden aus dem Kreis der Geschworenen, der Richter, bestimmt, was das Verfahren der Nomothesie schon fast zu einem gerichtsförmigen Gesetzgebungsverfahren machte. Zudem bedurfte der Beschluss der Nomotheten, der Gesetzeskraft besaß, nicht der Bestätigung durch die Volksversammlung.

Allgemein wurden diese Institution und das neue Verfahren als ein Weg angesehen, größere Rechtssicherheit zu erlangen, als es die auch von Stimmungen nicht unabhängige Volksversammlung auf Dauer gewährleisten konnte. Denn für die innenpolitischen Krisen von 411/10 und 404/3, in denen die Demokratie für kurze Zeit aufgehoben und durch ein oligarchisches System ersetzt worden war, wurden vor allem die Volksversammlung und die Demagogen, die Stimmführer in ihr, verantwortlich gemacht. Deshalb waren nach der Krise, bei der Wiederbegründung der Demokratie, die Nomotheten eingesetzt worden, um das alte Recht – den *nomos* beziehungsweise die *nomoi* (Gesetze) – zu sammeln und in schriftlicher Form festzuhalten. Dass die Nomotheten dann aber für die nachfolgende Gesetzgebungsarbeit beibehalten wurden, zeigt, dass diese Institution für notwendig erachtet wurde, um die Demokratie in Athen stabil zu halten. Dem diente dann auch ein besonderes Verfahren der Normenkontrolle, das fast schon in der Terminologie des modernen Verfassungsstaates als Vorläufer des verfassungsgerichtlichen Beschwerdeverfahrens angesehen werden kann. Schon seit dem 5. Jahrhundert konnte jeder Bürger eine *graphé paranomon* (Klage wegen Gesetzeswidrigkeit) gegen jeden Beschluss der Volksversammlung oder des Rates anstrengen, was in der Form der Anrufung des Volksgerichts mit dem Antrag geschah, einen Beschluss für nichtig zu erklären und den Antragsteller zu bestrafen. Nach 403 gab es ein neues Verfahren zur Gesetzesüberprüfung, wonach ein jedes Dekret der Volksversammlung als materiell oder formell den bestehenden Gesetzen widersprechend und deshalb als verfassungswidrig erklärt werden konnte. Wenn sie der Klage entsprachen, hoben die Gerichtsversammlungen dann die Entscheidungen der Volksversammlung auf.

III. Antike und moderne Demokratie

Die athenische Demokratie gilt als klassische Demokratie. An ihr werden moderne Demokratien gerne gemessen. Das war nicht immer so, in den Zeiten der Amerikanischen oder Französischen Revolution bezogen sich die Protagonisten eher auf Rom als auf Athen. Sie liehen sich die Namen römischer Gesetzgeber oder bedeutender Konsuln, um sich damit in die Tradition der Klassiker, die ein politisches Gemeinwesen begründeten, zu stellen. Athen war auch lange Zeit nicht das Vorbild als Staat, sondern Athen war eine «Kulturpotenz ersten Ranges, als Quelle des Geistes», wie es noch Jacob Burckhardt in seiner «Griechischen Kulturgeschichte» formulierte. Die Athener hatten eben keine Theorie der Demokratie entwickelt, an die Revolutionäre in der Neuzeit leicht hätten anknüpfen können. Hingegen waren die politischen Philosophen Griechenlands eher Kritiker der Demokratie, und diese Erbschaft war zunächst einmal stärker. Insofern verwundert es nicht, dass vor allem jene, die eine dezidiert moderne Demokratievorstellung entwickelten, sich auch eher kritisch auf Athen bezogen, ihr eigenes Modell abgrenzend zur Demokratie der Griechen zu profilieren suchten. Vor allem die Radikalität, die direkte, unmittelbare Beteiligung der Bürger im Prozess der Entscheidung, in der Ausübung von Ämtern und in der Rechtsprechung war vielen ein Grund, die moderne Demokratie anders, nämlich gemäßigter, gewaltengeteilter und repräsentativer einzurichten. Nur Jean-Jacques Rousseau ließ in seiner einflussreichen Schrift *Über den Gesellschaftsvertrag* von 1762 das Modell der griechischen Demokratie noch einmal aufleben und formulierte hieraus eine nachhaltig wirksame Theorie der Volkssouveränität. Andere Autoren aber bestritten die Übertragbarkeit des antiken Vorbilds auf die modernen Verhältnisse. Und wieder andere sahen in der uneingeschränkten Herrschaft des Volkes auch prinzipiell eine freiheitsbedrohende Tyrannei der Mehrheit angelegt. Demokratie konnte in Tyrannei umschlagen, und eine stabile Demokratie war deshalb nur als gemäßigte, repräsentative Demokratie vorstellbar.

Gleichwohl aber konnten sich viele, wie beispielsweise Alexis de Tocqueville oder John Stuart Mill, der Attraktivität des athenischen Vorbilds für die moderne Demokratie nicht gänzlich entziehen. So schrieb John Stuart Mill in seinen *Considerations on Representative Government*, dass in der griechischen Antike «das intellektuelle Niveau des durchschnittlichen Athener Bürgers durch die Praxis in Gericht und Volksversammlung dem in jedem anderen Gemeinwesen des Altertums wie der Neuzeit weit überlegen» war. Weil der athenische Bürger zur politischen Partizipation aufgerufen war, konnte er sich, so auch Tocqueville, bei der Ausübung seiner politischen Tätigkeiten durchaus von anderen Gesichtspunkten als denen seiner persönlichen Neigungen leiten lassen «und ständig Prinzipien und Grundsätze anwenden, die sich aus der Idee des gemeinen Wohls herleiten». Die umfassende politische Partizipation in Athen schien also nicht nur politische Urteilskraft ausgebildet zu haben, sondern führte auch dazu, dass das politische Tagesgeschäft, der Ausgleich divergierender Interessen in politischen Meinungsbildungs- und Entscheidungsprozessen, erleichtert wurde. Genau diesen Zusammenhang von Partizipation und Ausbildung von Bürgersinn und politischer Handlungsfähigkeit konnte Alexis de Tocqueville dann auch in den 1830er Jahren in der von ihm analysierten nordamerikanischen Massendemokratie, vor allem auf lokaler, gemeindlicher Ebene, feststellen. Politische Beteiligung, so das Resümee sowohl von John Stuart Mill wie auch von Tocqueville, ist entscheidend für politische Urteilskraft und bürgerschaftlichen Gemeinsinn. Gleichwohl waren beide, Tocqueville wie John Stuart Mill, wie auch andere Denker des 19. und 20. Jahrhunderts mit ihnen, fest davon überzeugt, dass sich das athenische Modell der Versammlungsdemokratie nicht, oder nur sehr begrenzt, auf die modernen Verhältnisse des großflächigen Territorialstaates und der kommerziell-industriellen Gesellschaft übertragen ließ. Vor allem diejenigen, die wie Tocqueville und John Stuart Mill das Konzept einer liberalen, gemäßigten Demokratie verfolgten, machten einen entscheidenden Unterschied geltend, nämlich den der widerstreitenden Freiheitsverständnisse.

Benjamin Constant war es, der 1819 in einer berühmt gewordenen Rede vor dem *Athénée Royal*, einer gelehrten Gesellschaft in Paris, die *Querelle des anciens et des modernes*, ursprünglich ein Streit des 17. Jahrhunderts, dann auch der deutschen Klassik, um den Vorrang antiker oder moderner Lebens- und Kulturformen, wieder auflegte und auf die Konkurrenz politischer Ordnungsmodelle ausdehnte. In dieser Rede, die den Titel trug «Über die Freiheit der Alten im Vergleich zu der der Heutigen», unterschied er zwei Freiheitsbegriffe. Der eine, der liberale und moderne Freiheitsbegriff, zeichnet sich dadurch aus, dass er die persönliche Unabhängigkeit des Einzelnen und die Garantie seiner individuellen Rechte in den Vordergrund stellt. Der antike Freiheitsbegriff, so die Argumentation von Constant, habe sich indes auf die aktive Teilhabe aller an der politischen Entscheidung gerichtet. Der antike Freiheitsbegriff macht die politische Partizipation zu einer Pflicht und erlegt dem Einzelnen damit große Opfer auf. Constant gesteht zwar ein, dass Athen seinen Bürgern unendlich mehr Freiheit als Sparta oder Rom gewährte, gleichwohl plädiert er für die moderne Art von Freiheit, die «im friedlichen Genuss der persönlichen Unabhängigkeit» bestehen muss. In der Neuzeit habe die Vorstellung, dass ein jeder an der Souveränität vollen Anteil habe, nur noch den Charakter einer bloßen Fiktion. In der Antike hätte jeder Wille jedes Einzelnen realen Einfluss gehabt, in der Moderne aber sei dies völlig unrealistisch. Daraus folgt für Constant, dass die Heutigen «sehr viel mehr als die Alten an unserer persönlichen Selbständigkeit hängen müssen, denn wenn die Alten diese Selbständigkeit den politischen Rechten zum Opfer brachten, verzichteten sie auf weniger, um mehr dafür zu erhalten, während wir, wenn wir die gleichen Opfer brächten, mehr gäben, aber weniger gewännen.» Im 20. Jahrhundert konnte dieser Unterschied zwischen antiker und moderner Freiheit auch als ein fundamentaler Gegensatz von politischem Zwang und individueller Freiheit verstanden werden: auf der einen Seite der Zwang zur politischen Beteiligung und die Unterordnung des Einzelnen unter kollektive Souveränität und Wohlfahrt; auf der anderen Seite die Einhegung eines Raumes persönlicher Freiheit und Unabhängigkeit und damit der Schutz vor staatlicher Willkür und gesellschaftlicher Tyrannei. Die moderne Demokratie, wollte sie mit der Freiheit ihrer Bürger kompatibel sein, musste deshalb die Unverbrüchlichkeit der Grund- und Menschenrechte akzeptieren und gewährleisten. Tut sie dies nicht, so zeigte die Erfahrung der Diktaturen im 20. Jahrhundert, läuft die Demokratie Gefahr, dem Totalitarismus zu erliegen.

Die *Querelles des anciens et des modernes* sind keineswegs nur als historische Diskussion über die Vorzüge antiker oder moderner Ordnungsmodelle des Politischen zu werten. Vielmehr spiegeln sich in ihnen, wie die Erfahrung des 20. Jahrhunderts verdeutlicht, die grundlegenden Strukturprobleme einer jeden demokratischen Ordnungsform, sei sie nun nach antikem Vorbild modelliert oder nach neuzeitlichen Überlegungen eingerichtet. Insofern ist antiken und modernen Demokratien, jenseits ihrer je spezifischen historischen Kontexte, eine Reihe von

Problemen und Spannungslagen gemeinsam: das Verhältnis von Freiheit und Gleichheit, von Beteiligung und Ausschluss, von Mehrheitsentscheidung und Minderheitenschutz, von tyrannischer Versuchung und demokratischer Selbstbehauptung. Die Institutionen, Strukturen und Mechanismen, mit denen die Spannungslagen aufgelöst oder mit stabilisierender Wirkung unschädlich gemacht wurden, wie auch die Begriffe, mit denen die Probleme überhaupt wahrgenommen oder auch ausgeblendet wurden, mögen je andere gewesen sein. Aber die antagonistische Gegenüberstellung, antike Versammlungsdemokratie hier, moderne repräsentative Demokratie dort, ist zu einfach. Ein zweiter Blick auf die antike, klassisch genannte Demokratie Athens, ihre Strukturen, ihre sozialkulturellen Kontexte, ihre Voraussetzungen und Grenzen zeichnet ein differenziertes Bild von Unterschieden und Gemeinsamkeiten.

Die athenische Polisdemokratie war eine Versammlungsdemokratie, in der alle Bürger das Recht der Rede besaßen. Entschieden wurde mit Mehrheit, was Perikles in seiner Gefallenenrede, die Thukydides überliefert hat, zu der Aussage führt, dass «Demokratie Regieren durch die Mehrheit» bedeutet. Die unterlegene Minderheit fühlte sich der Mehrheit verpflichtet und stand loyal zu der von der Mehrheit getroffenen Entscheidung. Hingegen konnten Beschlüsse der Volksversammlung, wie bereits erwähnt, vor den Volksgerichten mittels eines besonderen Verfahrens angegriffen werden. Allerdings war das kein «abstraktes» oder «konkretes Normenkontrollverfahren», wie es die zeitgenössischen Verfassungen kennen, wo eine Norm auf ihre Verfassungsmäßigkeit überprüft werden kann. Es handelte sich vielmehr um eine Klage, die gegen denjenigen erhoben wurde, der die durch die Volksversammlung beschlossene Vorlage eingebracht hatte. Durch diese Möglichkeit, Volksversammlungsbeschlüsse überprüfen zu lassen, wurde die persönliche Verantwortung der die Volksversammlung prägenden Redner gestärkt. Es war ein Instrument, sich der Demagogen zu erwehren.

Die Versammlungsdemokratie der athenischen Polis war also keine parlamentarische Demokratie, wie sie auch keine Parteiendemokratie war, wie es moderne Demokratien in der Regel zu sein pflegen. Im Zentrum stand die Debatte, das Abwägen einer Entscheidung im Akt der Deliberation. Die deliberative Demokratie ist also keine Erfindung des 21. Jahrhunderts, wie das etwa die Renaissance des Begriffs durch die zeitgenössische Demokratietheorie nahelegen könnte, sondern sie bezeichnet das Selbstverständnis und die Funktionsweise der athenischen Demokratie. In der Debatte der Volksversammlung standen die Redner den Bürgern, die in einem Halbrund standen oder saßen, herausgehoben gegenüber. Die Anordnung war einem Theater nicht unähnlich, und es war vor allem die Kunst der Überzeugung, die Meisterschaft der Rhetorik, die die wichtigste Waffe in der Auseinandersetzung zwischen den führenden Rednern darstellte. Die herausragenden athenischen Staatsmänner waren entweder Strategen oder – zur Zeit des Demosthenes überwiegend – Redner. So berichtet auch Thukydides, dass Perikles die rhetorische Kunst der Überredung so meisterlich beherrschte, dass er als Redner und Antragsteller die Volksversammlung zu dominieren wusste und in diesen Jahren Athen «dem Namen nach eine Demokratie, in Wirklichkeit aber eine Herrschaft des ersten Mannes» gewesen sei.

Das Prinzip der direkten, auf Deliberation und Dezision beruhenden Versammlungsdemokratie kannte, trotz der gleichen Rechte auf Beteiligung und Rede, die sich immer wieder herausbildende Spannung von Führung und Masse, von politischer Elite und Gesamtbürgerschaft – ein Problem, das das politische Denken und die demokratische Theorie von Anbeginn bis heute immer wieder beschäftigt hat. Vor allem im 20. Jahrhundert sind, teilweise aus realistischer Funktionsanalyse, teilweise aus normativen Überlegungen resultierend, Vorstellungen einer Elitendemokratie entwickelt worden. Joseph A. Schumpeter beispielsweise hat das Entscheidende der Demokratie in der Pluralität von Eliten und der Wahlmöglichkeit der Bürger zwischen ihnen gesehen. Andere wiederum haben den Trend zur Oligarchiesierung in der Massendemokratie für unausweichlich gehalten, einige von ihnen haben es begrüßt, andere wiederum die Elitenbildung mit einem umfassenden partizipatorischen Demokratiekonzept für nicht vereinbar gehalten. Auch Jean-Jacques

Rousseau hatte schon im 18. Jahrhundert darauf bestanden, dass es zwischen Regierenden und Regierten in der Demokratie keine Differenz geben könne, sie seien identisch. Rousseau hatte damit noch einmal auf den Begriff gebracht, was schon Aristoteles als das Kennzeichen der Demokratie formulierte, nämlich den Umstand, «dass alle über jeden herrschen und jeder wechselweise über alle» und dass «man wechselweise beherrscht wird und herrscht». Nun bot aber die athenische Praxis ein anderes Bild. Redner und Strategen waren die führenden Politiker, sie brachten politische Initiativen ein, sie stellten die Weichen, sie vermochten die Volksversammlung hinter sich zu bringen. Auch kann, vor allem für das 4. Jahrhundert, eine gewisse Professionalisierung, eine Verengung des Kreises der führenden Politiker nach Herkunft und sozialem Status, konstatiert werden. Doch wäre es gänzlich verkehrt, von einem Berufspolitikertum zu sprechen. Politik wurde in Athen nicht arbeitsteilig betrieben. Jeder Bürger war berechtigt, an der Volksversammlung teilzunehmen. Diäten ermöglichten die Teilnahme und die Übernahme von Ämtern auch für jene, die es sich sonst nicht hätten leisten können. Jeder Bürger hatte das Recht und die tatsächliche Möglichkeit, in der Volksversammlung das Wort zu ergreifen. 6000 Bürger waren in der Regel bei der Volksversammlung, 200 bis 500, manchmal bis zu 1000 Bürger bei den Gerichtsversammlungen anwesend, 500 Bürger waren Mitglieder des Rates, und 700 Bürger führten jedes Jahr ein Amt aus. Die faktische Beteiligung war also, angesichts von etwa 30 000 Vollbürgern, außerordentlich hoch. Die Einbeziehung der großen Zahl der Bürger, die Losung, der jährliche Wechsel in den Ämtern, das strenge Verfahren der Rechenschaftsablegung und der Kontrolle, die antizipierende Abwehr von Demagogie und Massenhysterie durch zusätzliche, gerichtliche Prüfverfahren sowie, im 4. Jahrhundert, die Übertragung der Gesetzgebung an die Nomotheten – das waren alles institutionelle Stabilisatoren einer sehr weitreichenden Herrschaft des Demos. Die – moderne – Spaltung zwischen Regierenden und Regierten, zumeist auch verstärkt durch räumliche Distanz und institutionelle Repräsentanz, war der athenischen Demokratie fremd, wenngleich es informelle Differenzierungen hinsichtlich des Einflusses bei Beratung und Entscheidung in den Volksversammlungen gab.

Der Bürger wurde für kompetent gehalten, in allen öffentlichen Angelegenheiten zu beraten, zu entscheiden und Ämter auszuführen. Das galt gleichermaßen für die Volksversammlung wie auch für die Ämter und die Geschworenengerichte. Erziehung, Kultvereine, das Gymnasium und auch die Tätigkeit in der Volksversammlung schufen einen gemeinsamen Kosmos an Vorstellungen über die politische Lebenswelt, in der die politische Tätigkeit als ein Wert an sich angesehen wurde. Um noch einmal Perikles in der Überlieferung von Thukydides zu zitieren: «Wir vereinigen in uns die Sorge um unser Haus zugleich und unsere Stadt ... Denn einzig bei uns heißt einer, der daran (an den politischen Dingen, H. V.) überhaupt keinen Anteil nimmt, nicht ein stiller Bürger, sondern ein nutzloser». Deshalb auch ging Platons Sokrates fehl in seiner Vorstellung, dass die Demokratie ein im Grunde absurdes Unternehmen sei, wenn sie alle wichtigen politischen Entscheidungen in die Hände einer Mehrheit von gewöhnlichen Bürgern legte. Sokrates verglich den Staat mit einem Schiff, das man auch nicht dadurch lenken könne, dass alle Entscheidungen den Abstimmungen all jener unterworfen würden, die auf dem Schiff reisten. Die Athener hingegen waren von der politischen Urteilskraft eines jeden, auch des gewöhnlichen Bürgers, überzeugt. Sokrates zielte auf das, auch institutionell eingespielte, Selbstverständnis der athenischen Polisdemokratie, weshalb er, kaum überraschend, von einem Volksgericht zum Tode durch den Schierlingsbecher verurteilt wurde. Sokrates anerkannte die Herrschaft des Demos, seiner Gesetze und seiner Rechtsprechung und folgte nicht dem Rat seiner Freunde, durch Flucht aus Athen der Vollstreckung des Todesurteils zu entgehen. Diese edle, konsequente Haltung begründete Sokrates' nachhaltigen Ruf, begründete aber auch das kritische Verhältnis von politischer Philosophie und Demokratie.

Der Prozess um Sokrates und auch die Reaktion der Philosophie Platons auf seinen Tod verweisen auf jene neuralgischen Punkte der athenischen Demokratie, die von ihren zeitgenössischen Kritikern wie auch den Theoretikern in der Neuzeit immer wieder ins Feld geführt worden sind. Ein Recht auf Meinungsfreiheit konnte sich Sokrates nicht ausbedingen, ein solches war nicht bekannt. Als politisch aktiver Bürger hätte er ein Recht auf abweichende Meinung innerhalb der Beratung in der Volksversammlung geltend machen können, *isegoria* galt auch für ihn. Gleichzeitig aber galt für ihn auch die *isonomia*, die Gleichheit vor dem Gesetz. Deshalb musste er sich den Gesetzen des athenischen Demos unterwerfen. Eine Freiheit außerhalb des durch die athenischen Gesetze und die Herrschaft des Demos definierten Bereichs aber war nicht denkbar. Es gab kein Recht auf Opposition. Unveräußerliche Menschenrechte, etwa das auf Meinungsfreiheit, die auch gegen die Mehrheitsherrschaft in der Demokratie behauptet und durchgesetzt werden konnten, kannte die Antike nicht und sind erst eine Errungenschaft der modernen Verfassungs- und Grundrechtedemokratie geworden. Gleichheit, wie die Athener sie verstanden, kann deshalb auch nicht in eins gesetzt werden mit der Gleichheit an individuellen, vor allem personal verstandenen Rechten. Der Einzelne definierte sich durch seine Mitgliedschaft in der athenischen Polis – hier, in der Polis, war er frei und gleich. Der Status als Bürger definierte sich politisch über die Mitgliedschaft, er war aber nicht unabhängig von der Polis als personale oder juristische Eigenschaft des Individuums denkbar. Hier sind die Grenzen des Modells der athenischen Polisdemokratie markiert.

Keineswegs alle Bewohner Athens waren Bürger und als solche im Vollbesitz politischer Rechte. Von den 200 000 Einwohnern, davon 60 000 Männer, waren nur etwa 30 000 Männer Vollbürger. Keine Bürger waren Frauen, Metöken – Fremde, die in Athen lebten und arbeiteten – und Sklaven. Diese waren nicht befugt, an der Polisdemokratie teilzuhaben. Der Inklusion aller männlichen Bürger, unabhängig von Herkunft und Vermögen, Bildung und Status, stand damit die Exklusion der weit überwiegenden Bevölkerung gegenüber. Die Gemeinschaft, *koinonia*, von Bürgern, *politai*, war damit eine zugleich inklusive wie exklusive Polis: Die Bürger waren frei und gleich, die Unfreien und Ungleichen waren keine Bürger. Dass sich die Athener Bürger ihres besonderen Status bewusst waren, die Exklusivität gar gegen eine Aufweichung verteidigten, zeigt die vor allem im 4. Jahrhundert praktizierte Erschwerung des Zugangs zum athenischen Bürgerrecht.

Jenseits der Polis galten andere Gesetze, die des *oikos*. Unter *oikos* wurde der Bereich des Wirtschaftens, des Sozialen, des privaten Haushaltes verstanden. Zum einen war das Soziale und Ökonomische nicht Gegenstand des Politischen; in der Volksversammlung wurde nicht über Wirtschaftspolitik, Sozialpolitik, geschweige denn über eine Politik debattiert und entschieden, die sich dem Ausgleich sozialer und ökonomischer Unterschiede im Zeichen sozialer Gerechtigkeit verschrieben hätte, wie es etwa in der modernen, sozial- und wohlfahrtsstaatlichen Demokratie der Fall ist. So wurden auch soziale und ökonomische Interessen nicht politisch verhandelt, Verteilungsfragen nicht politisiert, was ganz ohne Zweifel das politische Tagesgeschäft erleichterte.

Die Polisdemokratie zog nicht nur Grenzen, sie war auch voraussetzungsvoll und beruhte auf Bedingungen, die der Entfaltung der Demokratie äußerst förderlich waren. Die Polisdemokratie gründete in der tatsächlichen Teilnahme ihrer Bürger, die aber wiederum die Bereitschaft mitbringen mussten, einen großen Teil ihrer Zeit für die politische – und auch kulturelle – Gemeinschaft zu opfern. Die Demokratie beruhte auf der Tugend ihrer Bürger, die sich keineswegs als Privatleute, als *idiotes*, von der Politik abwandten. Gleichwohl machten nicht alle Bürger von ihrem Recht, in der Volksversammlung zu reden, Gebrauch. Wäre dies übrigens der Fall gewesen, wäre die Versammlungsdemokratie auf der Stelle zusammengebrochen. Voraussetzungsvoll war die Demokratie aber auch, weil sie eine hohe politische Urteilsfähigkeit der Bürger voraussetzte und diese auf vielfältigem Wege der Erziehung, auch durch die Tragödien und Komödien des Theaters, beförderte. Für eine – kleinere – Gruppe von Bürgern erlaubte die Sklaverei die Freistellung von der täglichen, die Existenz sicherstellenden Arbeit und ermöglichte damit jene reflexive und deliberative Muße, die traditionell die Aristokratie für sich in Anspruch nahm, in der Demokratie aber vom Bürger erwartet wurde. Und schließlich war Athen, seit der Gründung des Attisch-Delischen Seebundes, ein Imperium, das

Tribute einzog und prosperitätserzeugenden Handel ermöglichte. Die imperiale Politik begünstigte Athens Demokratie. Nicht nur, dass die Seekriege den Einschluss der Ruderer, der Besitzlosen, in die Bürgerschaft beförderten und damit die Polisdemokratie erst zu dem machten, was sie war und wofür sie bis heute bewundert wird: zur Herrschaft freier und gleicher Bürger. Das Seereich brachte Tribute, Zahlungen, ermöglichte weiträumigen Warenaustausch und sicherte so die enormen finanziellen Aufwendungen Athens. Die Demokratie, die Diäten für die Bürger, die Bautätigkeit, der Kultus, das Theater, verursachte erhebliche Kosten. Diese wurden zum Teil durch die Liturgien, die Umlage der Finanzierung auf vermögende Bürger, aufgebracht. Bis zum Ende des 5. Jahrhunderts half aber auch das Imperium, den Preis der Demokratie zu begleichen.

Die Praxis der athenischen Polisdemokratie hatte auch gezeigt, welches Selbstgefährdungspotential der Demokratie innewohnt – und zugleich hatte sie gezeigt, welche institutionellen Vorkehrungen und Mechanismen getroffen werden können, um Demokratien auch gegen ihre eigene Anfälligkeit zu stabilisieren. Die Volksversammlung stimmte 411 für die Abschaffung der Demokratie und übertrug dabei die Macht vorübergehend einem Rat von 400 Männern, die eine neue Regierungsform vorbereiten sollten. Als diese sich aber anschickten, Marionetten aus Sparta an die Macht zu bringen, wurde dieses kurze Zwischenspiel beendet und, nachdem Alkibiades den militärischen Oberbefehl erhalten hatte, die Demokratie wieder hergestellt. Diese kurze Episode, die sich 404 nach dem Sieg Spartas und dem kurzzeitigen Regime der 30 Tyrannen in ähnlicher Weise noch einmal wiederholen sollte, gibt den Blick frei auf ein entscheidendes Paradoxon der Demokratie, das auch die moderne Demokratie im 20. Jahrhundert beschäftigen sollte. Wenn der Demos frei ist, alles zu tun, dann kann er auch die Demokratie, seine eigene Herrschaft, abschaffen und durch andere Ordnungsformen, Tyranneien oder Diktaturen, ersetzen. Was in Athen schnell wieder geheilt wurde, hatte in Deutschland 1933 mit dem Ermächtigungsgesetz Hitlers verheerende Folgen. In Athen schienen die Ereignisse den Kritikern der Demokratie, allen voran Platon, Recht zu geben, dass die Demokratie eine sehr instabile Herrschaftsform sei, in der Demagogen leichtes Spiel haben, weil das Volk, «einfach in den Sitten, unstet in den Meinungen und verführbar durch Versprechungen», letztlich nicht in der Lage schien, verantwortlich mit der Herrschaft umzugehen. Nun hatte Athen aber selbst institutionelle Vorkehrungen getroffen, um Demagogie und Massenhysterie zu wehren. Demagogen waren öffentlicher Strafverfolgung ausgesetzt, mittels des Ostrakismos konnte eine Verbannung beschlossen werden, und Entscheidungen der Volksversammlung ließen sich im Nachhinein vor Gericht angreifen. Und schließlich vollzog sich ja auch im 4. Jahrhundert ein Wandel, der den behutsamen institutionellen Umbau von der radikalen zur gemäßigten Demokratie bedeutete. Das Gesetzgebungsverfahren fand nunmehr zweistufig, in der Volksversammlung und bei den Nomotheten, statt. Athen blieb damit zwar bis zum Jahr 322 eine radikale Demokratie, weil alle Männer mit der Volljährigkeit das volle Bürgerrecht erwarben. Aber gemäßigt erschien die Demokratie, weil sie nun Institutionen mit unterschiedlichen legislativen Befugnissen vorsah und das höherrangige Kontrollrecht der Nomotheten gegenüber der Volksversammlung etablierte. Damit war keine Abkehr vom Modell der athenischen Polisdemokratie vollzogen, aber es kündigten sich Entwicklungslinien an, die auch für die moderne Demokratie Bedeutung haben sollten.

Die Entwicklungen im 4. Jahrhundert gingen indes den griechischen Kritikern der Demokratie nicht weit genug. Sie wollten die Zähmung der Demokratie in einem viel umfassenderen Sinne, indem die Macht des Volkes darauf beschränkt sein sollte, die Amtsträger zu wählen und von ihnen Rechenschaft zu fordern, aber die Entscheidungen selbst von den Magistraten treffen zu lassen. Aristoteles schwebte als idealer politischer Ordnung eine Mischung aus Demokratie und Oligarchie, gleiche Wahlrechte für alle Bürger, aber Wahl der Entscheidungsträger nach Kompetenz und Ansehen, vor. Aristoteles hatte diese Mischung aus einer Analyse unterschiedlicher Verfassungsformen im Griechenland seiner Zeit gefunden und daraus eine Typologie entwickelt, die für die Diskussion um die Demokratie sehr folgenreich sein sollte. Aristoteles knüpft an eine Dreiteilung von Herrschaftsformen an, die bis auf Pindar und Herodot zurückverfolgt werden kann: Die Herrschaft eines Einzelnen, die Herrschaft Weniger und die Herrschaft Vieler. Aristoteles hatte nun die ihm bekannten Verfassungsformen zu einem Sechser-Schema systematisiert, dessen Einteilungskriterien zum einen die Zahl der Herrschenden und zum anderen die Art der Herrschaft waren. Die Art der Herrschaft bestimmte die Qualität der Staats- und Verfassungsformen. Die Qualität bemaß sich danach, ob die Herrschenden im Interesse des gesamten Gemeinwesens regierten, das waren die guten Verfassungsformen, oder ob die Herrschaft nur zum Nutzen der jeweilig Herrschenden ausgeübt wurden, das waren die schlechten Verfassungsformen. Gemäß des quantitativen Kriteriums, der Zahl der Herrschenden, ergab sich nun die gute Verfassungsform der Monarchie und die schlechte Verfassungsform der Tyrannis als Herrschaft des Einen. Die Herrschaft der Wenigen teilte sich in die gute Verfassungsform der Aristokratie und die schlechte der Oligarchie. Wo Viele oder gar Alle herrschten, konnte es sich entweder um die Demokratie, von Aristoteles den schlechten Verfassungsformen zugeschrieben, oder um die Politie als gute Verfassungsform handeln.

Eine gute und stabile Ordnung des Gemeinwesens war nur zu erreichen, wenn die bestehenden sozialen Gegensätze zu einem institutionellen Ausgleich gebracht werden konnten. So war der entscheidende Unterschied zwischen Demokratie und Oligarchie darin zu sehen, dass sich in der Demokratie die Herrschaft der Armen und in der Oligarchie die Herrschaft der Reichen widerspiegelte. Wichtig war es nun, die Mischform zu finden, die die sozialen Ungleichgewichte in der Polis ausbalancierte, politisch neutralisierte und zugleich die mittleren Schichten, von denen sich Aristoteles einen stabilisierenden Einfluss versprach, stärkte. Für Aristoteles lag die beste Verfassung in der Mischform von Demokratie und Oligarchie. Er nannte sie Politie. Bei ihr handelte es sich um eine gemäßigte Demokratie, die Bürger dieser Polis besaßen gleiche Bürgerrechte, aber abgestufte Möglichkeiten der politischen Beteiligung an der Herrschaftsausübung. Aus der Verfassungsform der Oligarchie bezog die Demokratie ihre

Mäßigung, weil nun die Ämter wählbar gemacht wurden. In Aristoteles' Modell einer Mischverfassung finden wir also zwei Gedanken, die auch für die moderne Demokratie wegweisend werden sollten. Konstitutiv für ein politisches Gemeinwesen ist die Aktivbürgerschaft, dies ist der Gedanke der Demokratie. Herrschaft aber muss, wenn sie im Interesse des Gemeinwesens ausgeübt wird, beschränkt, gemäßigt sein, und dies auch dort, wo der Demos herrscht. Das ist das Prinzip der Limitierung von Herrschaft, das sich dann vor allem im 18. und 19. Jahrhundert als Prinzip der liberalen Demokratie herausbilden sollte.

IV. Die republikanische Tradition der Demokratie

Von Aristoteles führte indes kein direkter Weg zur Demokratie der Neuzeit. Ganz im Gegenteil, Aristoteles geriet über viele Jahrhunderte in Vergessenheit, und erst mit der Übertragung seiner Schriften im 12. und 13. Jahrhundert setzt eine Aristotelesrezeption ein. Der Dominikaner Wilhelm von Moerbeke hatte in der Mitte des 13. Jahrhunderts als letzte Schrift die «Politik» in das Lateinische übersetzt, Thomas von Aquin alsbald einen Kommentar verfasst, und damit verbreiteten sich die aristotelischen Ideen, seine politische Philosophie, sehr rasch. Vor allem war es die Verfassungslehre, also die Typologie unterschiedlicher Regierungsformen, die bis in das 18. und 19. Jahrhundert diskutiert und der Platz der Demokratie darin bestimmt wurde. Allerdings kam auch ein anderer, sehr nachhaltig wirkender Einfluss hinzu, der aus dem politischen Denken der Antike stammte, über die politische Theorie der italienischen Stadtstaaten der Renaissance, über das England der Revolutionen im 17. Jahrhundert und schließlich Nordamerika auf Modelle und Vorstellungen der modernen Demokratie einwirkte. Es war dies das republikanische Denken, das auf die römische Antike und die Republik Roms zurückging. Hier wurde ein zweiter Strang politischen Ordnungsdenkens geboren, der nicht, wie die athenische Polisdemokratie, auf die unmittelbare und direkte Teilhabe des Volkes in seiner Gesamtheit rekurrierte, sondern der unter «Republik» eine spezifische Form der Gesetzesherrschaft und der Mischung von Gewalten verstand und diese, zunächst ganz wie Athen, auf die Stadt als politisches Territorium bezog, ehe der Gedanke der Republik auch auf großflächige politische Einheiten Anwendung fand.

Rom selbst war keine Demokratie. Obwohl die Rolle des Volkes in der Politik der republikanischen Ära nicht unterschätzt werden sollte, muss die römische Republik doch eher als Oligarchie, als die Herrschaft der Nobilität, begriffen werden. Das römische Volk war zwar ein Machtfaktor, es konnte aber die Dominanz der traditionellen Führungsschicht nicht brechen. Durch das Klientel- und Patronagewesen waren weite Bevölkerungskreise an die Magnaten gebunden, was dazu führte, dass die an der Spitze stehende Nobilität die Politik und die Entscheidungen weitestgehend kontrollierte. Eine Reform, wie sie beispielsweise die von Kleisthenes in Athen gewesen war, die das Patronage- und Klientelwesen durchbrochen hatte, gab es in Rom nicht. Das politische Zentrum der aristokratisch dominierten *res publica* lag im Senat, in dem die wichtigsten offiziellen Geschäfte verhandelt wurden, nachdem sie zuvor unter den Mitgliedern der herausgehobenen Schicht der Nobilität vorbesprochen und abgestimmt worden waren. Die Volksversammlung gewann nach den Ständekämpfen zwar an Einfluss, aus ihr heraus wurden auch die Magistrate, die exekutiven Ämter, gewählt, doch besaß sie keineswegs die direkten Kontrollrechte, die in Athen die Amtsträger so unmittelbar an Volksversammlung und an den Rat der Fünfhundert zurückgebunden hatte. Obwohl der Doppelbegriff *senatus populusque Romanus* als offizielle Bezeichnung der römischen Republik diente, war der Anteil der römischen Bürger am politischen Leben doch sehr eingeschränkt. Das Volk nahm keinen aktiven Anteil an der politischen Herrschaft, es blieb im politischen Leben eher passiv, nur bei Wahlen, wenn der Konkurrenzkampf der Nobiles hart war, kam der Volksversammlung ein gewisser Spielraum für die Entscheidung zu. Zudem wirkten die sozialen Abhängigkeiten und Bindungen in die Abstimmungen der Volksversammlung hineln, was die Freiheit der Entscheidungsfindung erheblich einschränkte. Indes war die Volksversammlung der einzige Ort, wo die von der Nobilität vertretene Politik dem Volk als Ganzem präsentiert und von den Nobiles diskutiert wurde. Die Volksversammlung war somit das Forum, auf dem Öffentlichkeit hergestellt und eine – auf Murren, Beifall oder Zwischenrufe begrenzte – Einwirkungsmöglichkeit des Volkes auf Inhalt und Erfolg der Projekte eröffnet wurde.

Wenn die römische Republik auch nicht als Demokratie bezeichnet werden kann, so gab es in ihr doch eine, ebenfalls durch die Standeskämpfe bewirkte, Entwicklung, die der Moderne immer als Vorbild und Modell gegolten hat. Es war die Freiheit, die *libertas* in der römischen Republik, die, in Zusammenhang mit den römischen Gesetzeskodifikationen, vielen als Vorläufer des modernen Freiheitsverständnisses erschien. Das ist indes ein Missverständnis, und das römische Verständnis von Freiheit lässt sich auch keineswegs als Gegenmodell zum vermeintlich «positiven» Freiheitsbegriff der Athener profilieren. Freiheit war auch in Rom kein persönliches Grundrecht, das abstrakt und universell als subjektives Menschenrecht hätte verstanden werden können. Dass mit der Erweiterung des römischen Bürgergebietes auch die unterworfenen Bundesgenossen zu römischen Bürgern wurden, zeigt zwar, dass Bürgerrechtsgesetzgebung auch außerhalb eines eng umgrenzten Territoriums möglich war, also dem Träger des Rechts, dem Bürger, zugeschrieben werden konnte, doch war damit kein modernes Rechts- und Freiheitsverständnis begründet. Freiheit wurde in Rom als Schutz vor der Willkür der Beamten verstanden. Der Einzelne musste sich nicht mehr in einem inquisitorischen Beamtenprozess, sondern, als Ergebnis der Ständekämpfe, vor einem Laiengericht, das ursprünglich ein Volksgericht, später ein größeres Geschworenengericht war, verantworten. Mit dem Begriff der *provocatio* war ein Hilferecht begründet, das den Einzelnen vor dem Zugriff eines Beamten schützte. Wenn man will, kann dies als eine frühe Form persönlicher Freiheitssicherung vor exekutivischen Eingriffen, also als ein Abwehrrecht gegenüber dem Staat, verstanden werden. (In Athen war ein solches Abwehrrecht überflüssig, weil die Freiheit durch die Übernahme und Kontrolle politischer Ämter durch die Bürger selber gewährleistet war.) Das Gesetzesrecht konnte als Teil der Freiheit empfunden werden. Vor allem war damit eine politische Gleichheit gemeint, die die Herrschaft Einzelner, also tyrannische Formen der Herrschaftsausübung, zu vermeiden suchte. Einzelne, mächtige Nobiles wie Marius, Pompeius und Cäsar sollten daran gehindert werden, aus der Nobilität auszubrechen und eine Alleinherrschaft zu etablieren. Insofern war die Gleichheit als Inbegriff von Gesetzesherrschaft eine politische Vorkehrung, um das System der römischen Republik gegen seine despotische Entartung zu stabilisieren.

Gleichheit und Freiheit waren also keine den einzelnen Personen zukommenden Grund-, Bürger- oder Menschenrechte, die auch außerhalb der konkreten Ordnung Roms hätten Geltung beanspruchen können. Persönliche Freiheit wurde in Rom ganz ähnlich wie in Athen als eine Freiheit «zu leben, wie man will» verstanden. Insofern waren Meinungsfreiheit, Freiheit der Lehre und des Glaubens, Freizügigkeit, wirtschaftliche Initiative, Veräußerlichkeit des Eigentums, Testierfreiheit, Schutz des Hauses und vieles andere den Römern selbstverständlich, ohne dass sie aber diesen Freiheiten eine rechtliche Qualität zuerkannt hätten. Jochen Bleicken hat das in seiner Studie über die Verfassung der römischen Republik so zusammengefasst: «Die staatliche Autorität war nicht durch die Vorstellung eines individuellen Freiheitsraumes eingeschränkt, aber sie gefährdete andererseits auch nicht grundsätzlich diesen Freiheitsraum.»

Anders als die athenische Polisdemokratie wirkte die römische Republik im politischen Denken sehr viel direkter und stärker nach. Das lag zum einen in der Faszination begründet, mit der die Größe und der Niedergang Roms tradiert wurden. Auch eignete sich die Geschichte Roms immer wieder zu einer exemplarischen Erzählung über tugendgeleiteten Aufstieg und moralischen Verfall republikanischer Gemeinwesen. Daneben aber etablierte sich sehr schnell eine andere Form der Analyse Roms, die auf die Verfassungsformen und ihre spezifisch römische Mischung abstellte. So war es vor allem ein Grieche, Polybios, der sich um eine Erklärung für den Aufstieg Roms zur Weltherrschaft innerhalb eines halben Jahrhunderts bemühte. Er sah, wie er im VI. Buch seines Geschichtswerkes, der *Historien*, ausführte, diesen Aufstieg in der Stabilität und Elastizität der römischen Verfassung begründet. Er erkannte in der römischen Republik ein wegweisendes Modell, das den durch Aufstieg und Verfall gekennzeichneten Kreislauf der reinen Verfassungsformen zu durchbrechen in der Lage war. Ähnlich wie Aristoteles hatte auch Polybios eine Typologie von Verfassungen entwickelt, dabei allerdings die Demokratie zu den guten Verfassungsformen gerechnet. Doch über Aristoteles hinausgehend hatte Polybios diese Verfassungsformen in ein Kreislaufmodell eingestellt, das durch eine immerwährende Abfolge positiver und entarteter Verfassungstypen gekennzeichnet war. Um diesen Kreislauf zu durchbrechen, war es notwendig, eine Verfassungsform zu finden, die die Schwächen der reinen Verfassungsformen (Königtum – Tyrannis; Aristokratie – Oligarchie; Demokratie – Ochlokratie) vermied und in einer Kombination der Stärken der Verfassungsformen das richtige Mischungsverhältnis für Stabilität und Dauerhaftigkeit herstellte.

Für Polybios hatte das nun in der römischen Republik stattfindende Wechselspiel zwischen Magistraten, Senat, Volkstribunen und Volksversammlungen den gesuchten Modellcharakter. Dieses Modell hatte sich, nicht zuletzt als Folge der Ständekonflikte, als ein System des Gleichgewichts ausgebildet, das nicht nur die Stabilität im Innern, sondern auch die Expansionsfähigkeit nach außen sicherte. Polybios interpretierte sein Modell als ein institutionelles Wechselspiel, das zum einen auf gegenseitiger Einwirkung und zum anderen auf wechselseitiger Kontrolle beruhte. Dieses Mischverfassungssystem inkorporierte zugleich einen Ausgleich zwischen Adel und Volk und demonstrierte in der tatsächlich bestehenden Verteilung der Zuständigkeiten die Macht begrenzende Funktionalität von Kontrollen zwischen den politischen Organen. Dieses Mischverfassungsmodell war, was die Mäßigung der Macht, den Ausgleich unterschiedlicher Gruppeninteressen und den Gedanken der Kontrolle von politischen Institutionen durch ihre Verschränkung angeht, auch anwendbar auf die politische Ordnung von Gesellschaften, die nicht mehr durch die hierarchische Gliederung unterschiedlicher Stände, sondern durch die Gleichheit staatsbürgerlicher Rechte ausgezeichnet waren. Die Analyse der antiken Republik schien damit auch einen konstruktiven Beitrag für die Ausgestaltung moderner Demokratien bereitzuhalten. Später sollten Niccolò Machiavelli in seinen *Discorsi*, die sich am römischen Geschichtsschreiber Titus Livius orientierten, der Engländer James Harrington in *The Commonwealth of Oceana* und Montesquieu das Erbe des republikanischen Denkens wieder aufgreifen. Mit der Regierungsform der Republik konnte ein Modell gemäßigter Demokratie begründet werden, das für den Diskurs der modernen Demokratie im Zeitpunkt ihrer Entstehung wegweisend wurde.

Zuvor aber kann dieser Strang republikanischen Denkens noch im Spätmittelalter und der italienischen Renaissance verfolgt werden. In Oberitalien hatte sich bis zum Ende des 12. Jahrhunderts eine Reihe von Städten, darunter Pisa, Mailand, Genua, Arezzo, Padua, Florenz und Siena, eine Eigenständigkeit gegenüber den Machtansprüchen des Papstes oder des Reiches gesichert. Auch im Inneren dieser Städte konnte sich ein politisches System etablieren, das auf Räten, zusammengesetzt aus Bürgern, und auf Amtsträgern, den so genannten *Podestà*, beruhte, denen die exekutive und judikative Gewalt zukam. In der Lombardei und in der Toskana hatten sich unabhängige Stadtstaaten etabliert, die nach außen hin Autonomie besaßen und im Inneren auf Selbstregierung beruhten. Diese Stadtstaaten waren indes sehr instabil, ihre Unabhängigkeit wurde von außen bedroht, im Innern gab es immer wieder Machtkämpfe zwischen rivalisierenden Gruppierungen. So kam es mit dem Beginn des 14. Jahrhunderts vielfach zur Einrichtung so genannter *Signori*, exekutiver Ämter, die vererbt und nicht durch Wahl besetzt wurden. Mailand und Bologna wurden so regiert, Pisa am Ende des 13. Jahrhunderts ebenso. Padua folgte im 14. Jahrhundert, und Arezzo verlor seine Unabhängigkeit an Florenz. Bis zum Beginn des 16. Jahrhunderts blieb Florenz eine Republik, aber dann wurde die Herrschaft der Medici wiederhergestellt. Nur Venedig konnte bis ins 18. Jahrhundert den Status einer sich selbst regierenden Republik wahren.

Die italienischen Stadtstaaten hatten sich keineswegs als demokratisch verstanden. Die Stadtstaaten verstanden sich als Republiken und knüpften damit an die römische Tradition an, wie sie von Ciceros Schriften und den Geschichtsdarstellungen von Sallust und Livius überliefert war. Gleichwohl gingen aber in der Vorstellung der Republik Selbstregierung und Autonomie eine konstitutive Verbindung ein. So hatte auch schon Ciceros Bestimmung von Volk und Republik, die er Scipio Africanus d. Jüngeren in den Mund gelegt hatte, gelautet: «Est igitur, inquit Africanus, res publica res populi» – doch war bei Cicero das Volk vor allem als eine Gemeinschaft definiert worden, die auf *iuris consensu et utilitatis communione,* auf Rechtskonsens und Gemeinwohl, beruht. Das sahen die Stadtrepubliken genauso. Damit war zwar klargestellt, dass die Republik als «Sache des Volkes» nur dann legitim sein konnte, wenn ihre Bürger an der Formulierung der Gesetze und des Gemeinwohls teilhatten, doch war darunter keineswegs eine direkte und unmittelbare Partizipation aller freien und gleichen Bürger zu verstehen, wie das in der athenischen Polisdemokratie der Fall gewesen war. Zu den ausgeschlossenen Gruppen gehörten, in Athen genauso wie in den italienischen Stadtrepubliken der Renaissance, die Gruppen der Frauen, Kinder, Knechte, Sklaven, Handwerker und Fremden. Daneben aber wurde die in einer *civitas* lebende Bevölkerung in unterschiedlich berechtigte Klassen aufgeteilt: zum einen diejenigen, denen ein «angestammtes» Recht auf Herrschaft, zumindest aber die volle Amtsfähigkeit zuerkannt wurde, das waren die «Bürger schlechthin», die Ehrbaren, die *principes.* Aus ihnen setzten sich die Führungsgruppen und die Räte zusammen. Daneben, so zeigen die Überlieferungen und Kommentare der Stadtbürgerschaft, gab es jene, die zwar an der Republik teilhatten, deren Partizipation sich aber vor allem auf das Wählen konzentrierte. Im Vergleich mit der athenischen Polisdemokratie war es also nicht Amtswechsel, auch nicht Wählbarkeit, sondern vor allem Wahlrecht und politische Beteiligung an den Willensbildungsprozessen der Herrschenden, die den Kern des Konsensgedankens ausmachten. Wie Ulrich Meier herausgearbeitet hat, war der zentrale Punkt des spätmittelalterlichen Bürgerbegriffs damit nicht Herrschaft qua Regierung – *principari* –, sondern Teilhabe – *participare* – unterhalb der eigentlichen Regierungsebene in der Republik. Die Republik wurde im Wesentlichen von den tugendhaften und ehrbaren Bürgern regiert, die einfachen Bürger besaßen Wahl- und Zustimmungsrechte, das «breite Volk» aber wurde, ganz im Sinne der athenischen Demokratiekritiker, als «Pöbel» von den politischen Partizipationsrechten ausgeschlossen. Aus Mailand ist ein um 1300 verfasster Politikkommentar überliefert, in dem von der «tierischen und knechtischen und auf keine Weise zu Tugenden überredbaren Menge» die Rede ist. Diese *multitudo bestialis*, die «tierhafte Menge», galt als Bedrohung der Republik – ganz so, wie auch Ambrogio Lorenzetti in seiner bekannten, als Fresko im Palazzo Pubblico von Siena gemalten Allegorie vom guten und schlechten Regieren die Gestalt eines schwarzen Tieres als *Furor* auftauchen lässt, bereit, einen Stein auf die versammelten Amtsträger der Stadtregierung zu werfen.

Die Republik war vor allem ein Abgrenzungs- und Gegenbegriff zu Fürstenherrschaft und Monarchie. Als solcher bezeichnete er das spätmittelalterliche Ideal konsensgeschützter, bürgerschaftlicher Herrschaft. Es war eine Herrschaft, die auf Freiheit in einem doppelten Sinne beruhte. Zum einen war es ein freier Staat, der nicht monarchisch regiert wurde und der gegen landesherrschaftliche Interventionen vonseiten des Fürsten seine Unabhängigkeit zu bewahren suchte. Zum anderen bedeutete Freiheit die Selbstregierung der Bürgerschaft. Beides verband sich im Ideal des *vivere libero*. Nicht von ungefähr wählten die freien Stadtrepubliken, wie Lucca, Siena, Florenz oder Ragusa, das heutige Dubrovnik, *Libertas* oder *Popolo e Libertà* zu ihren Stadtmottos. Das galt im Übrigen nicht nur für Italien, sondern gleichermaßen auch für Deutschland, die Land- und Reichsstädte, die Niederlande, Brabant und Flandern sowie die Schweizer Eidgenossenschaft und ihre Kantone. Hier wie dort gab es ein Stadtbürgertum, das sich, wie in Deutschland, gemeindlich-genossenschaftlich bestimmte. Der Magistrat war als Vertreter der Bürgergemeinde tätig. Innerhalb der Stadt galt die Freiheit der Person, Bürger waren gegen willkürliche Verhaftungen geschützt. Außerdem besaß der Stadtbürger das Recht auf freie und ungeschmälerte Verfügung über den Besitz. Die Stadt als kommunaler Schwurverband der Bürger beruhte auf dem Gedanken, dass alle Bürger an allen Lasten und Pflichten gleichermaßen teilhaben sollten. Mit Selbstbestimmung war die genossenschaftlich legitimierte Selbstbestimmung des Bürgerverbandes, nicht aber diejenige des einzelnen Bürgers gemeint. Diese Form eines auf Selbstbestimmung und Autonomie beruhenden bürgerschaftlichen «Kommunalismus» (Peter Blickle) konnte sich lange Zeit, auch mit Kaiser und Reich als Garanten des Systems, behaupten, geriet dann aber durch die Ausbildung des modernen Territorialstaates und den Souveränitätsanspruch einer einheitlichen höchsten Fürstengewalt zunehmend in die Defensive.

Wo das deutsche Stadtbürgertum keine eigene wirkungsmächtige politische Theorie ausbildete, weil sie schnell dem territorialen Reichs- und anstaltlichen Staatsdenken Platz machen musste, entwickelte sich aus dem Denken der italienischen Stadtrepubliken eine von Thomas von Aquin bis Machiavelli reichende Theorie bürgerschaftlichen Republikanismus, die auch für die Entfaltung der modernen Demokratie nicht ohne Wirkung blieb. Thomas von Aquin, der durch Wilhelm von Moerbekes Aristoteles-Übersetzung und durch seinen Lehrer Albertus Magnus mit der Lehre von den unterschiedlichen Verfassungsformen bestens vertraut war, glaubte, dass Republiken, die ihre Magistrate selbst wählten, mehr erreichen könnten als ein König, der über drei oder vier Städte herrschte. Das machte Thomas von Aquin indes nicht zu einem Anhänger der Demokratie, die er mit Aristoteles kritisch als eine auf der Macht des Volkes beruhende Regierung ansah, die «allein aufgrund ihrer Zahl» regiert und dazu neigt, tyrannisch zu werden, weil sie andere Bevölkerungsteile zu unterdrücken bestrebt ist. Brunetto Latini, der Lehrer Dantes, verband 1266 mit dem Recht der Bürger, ihre Regierung wählen zu können, die Garantie für die Wahrung des Gemeinwohls von Stadt und Bürgern. Auch Marsilius von Padua identifizierte in seiner Schrift von 1324 *Defensor Pacis* mit dem Konsensprinzip die entscheidende Gewähr von Gemeinwohl und Gerechtigkeit. Beide sollten im Recht zum Ausdruck gebracht werden, was Marsilius zu dem für seine Zeit erstaunlich fortgeschrittenen Schluss brachte, dass der beste Gesetzgeber im Volk beziehungsweise in der gesamten Körperschaft der Bürger zu sehen ist. Wahl oder eine allgemeine Bürgerversammlung hatten festzulegen, was zu tun und was zu unterlassen war. Es kam also auf die *universitas* der Bürger für die Rechtmäßigkeit von Herrschaft an. Wenn man will, kann man im politischen Denken von Marsilius schon ein gestuftes, proto-parlamentarisches Verfahren erkennen, das darin bestand, dass die Regierenden, die zu wählen waren, die Gesetzgebung nur stellvertretend und in steter Rückbindung an die Bürgerschaft als dem eigentlichen Gesetzgeber auszuüben berechtigt waren. Und wenn die gewählten Regierenden das Vertrauen der souveränen Bürger verletzten, dann waren diese berechtigt, jene aus dem Amt zu entfernen und gegebenenfalls zu bestrafen.

Solche und andere Überlegungen, die in der Reflexion über das gute und gerechte Regieren im Denken spätmittelalterlicher Theologen, Philosophen und auch Juristen, Kirchenrechtler, entwickelt wurden, brachten die Formen und die Praktiken bürgerschaftlicher Selbstregierung in den Stadtstaaten Italiens auf den Begriff und tradierten sie für das politische Ordnungsdenken der nachfolgenden Jahrhunderte. Die Erinnerung an Freiheit und Ruhm der Republiken, ohnehin aus der römischen Antike überliefert und zum Ideal eines republikanischen Gemeinwesens stilisiert, fand dann in Machiavellis *Discorsi*, die an Livius' Geschichte des frühen Roms anknüpften, bleibenden Ausdruck. Machiavelli untersuchte die Bestandsvoraussetzungen einer zugleich freien und stabilen Republik, sah vor allem in Venedig, der *Serenissima Repubblica,* den republikanischen Modellfall einer freiheitlichen Verfassung. In der Ordnungsform der Republik gingen öffentliches Wohl, Bürgertugend und Vaterlandsliebe eine vortreffliche Verbindung ein. So konnte der konstitutive Zusammenhang von Freiheit und Republik aus den oberitalienischen Erfahrungen als bürgerschaftlicher Republikanismus, zum Teil auch als *civic humanism* apostrophiert, tradiert und zur Grundlage einer Bewegung werden, die von Italien über England nach Nordamerika und von dort, in einer konsequent demokratisch gewendeten Fassung, wieder nach Frankreich und, in einer gezähmten Version, nach Deutschland gelangte. Das republikanische Denken verband sich mit dem demokratischen Denken, zum Teil radikalisierte es die Demokratie, zum Teil moderierte es die Demokratie.

V. Die Begründung der modernen Demokratie

Für den deutschen Staats- und Völkerrechtler Johann Caspar Bluntschli war die Sache in der Mitte des 19. Jahrhunderts entschieden: «Die alte Demokratie war eine unmittelbare, die moderne ist eine repräsentative.» Hundert Jahre zuvor aber war es keineswegs ausgemacht, wie die Strukturen der modernen Demokratie aussehen sollten. Ja recht eigentlich war die Demokratie, ganz so, wie sie Aristoteles in seiner Verfassungsformenlehre eingeführt hatte, kein positiv besetzter Begriff. Und auch das Erscheinen von Jean-Jacques Rousseaus Schrift *Über den Gesellschaftsvertrag* von 1762 änderte daran zunächst nichts. Denn zum einen erklärte Rousseau, wenn man den «Begriff in der ganzen Schärfe seiner Bedeutung» nehme, «dann hat es niemals eine echte Demokratie gegeben und es wird sie niemals geben». Zum anderen knüpfte Rousseau an die Polis-Tradition an und belegte sein durch den Gesellschaftsvertrag begründetes Gemeinwesen mit dem Begriff «Republik».

So bestand die Ironie der Geschichte des Demokratiebegriffs darin, dass eigentlich von der Demokratie nicht die Rede war, als es darum ging, die moderne Demokratie zu etablieren. Vielmehr war, in Frankreich genauso wie in Nordamerika oder in Deutschland, von der Republik die Rede, wenn die neue Form der repräsentativen Demokratie gemeint war. Dass es auch in der Französischen Revolution viel eher um die Republik als um die Demokratie ging, obwohl hier wie vorher schon in den USA das Prinzip der Volkssouveränität sich machtvoll durchsetzte und in institutionelle Formen gegossen wurde, zeigt, dass es geraumer Zeit bedurfte, um die neuen Verhältnisse auf den angemessenen, «demokratischen» Begriff zu bringen. Erst unter dem Eindruck der Revolution von 1848 konnte es dann beispielsweise Guizot in Frankreich so vorkommen, als sei nun das Wort Demokratie zu einem *mot souverain, universel* geworden: «Tel est l'empire du mot démocratie que nul gouvernement, nul parti n'ose vivre, et ne croit le pouvoir, sans inscrire ce mot sur son drapeau.» Damit war nun Demokratie zum Gegenbegriff der absolutistisch-feudalen Herrschaftsordnung, zum Kampfbegriff gegen die alten Mächte geworden. Die Kräfte des Fortschritts nannten sich, im Unterschied zu den Anhängern des monarchischen Systems, demokratisch. Zugleich schien der Begriff Demokratie eine unaufhaltsame, zielgerichtete Bewegung einzufangen. Demokratie war, wie Guizots Landsmann Alexis de Tocqueville formulierte, zum Schicksal geworden. Demokratie war *un fait providentiel*, die Entwicklung zu mehr Demokratie und, damit einhergehend, zu sozialer Gleichheit schien nicht mehr aufzuhalten zu sein. Letztlich hatte damit in der Mitte des 19. Jahrhunderts das demokratische Denken auch den Triumph über die Tradition des antiken und frühneuzeitlichen Republikanismus davongetragen.

Zuvor aber war der Begriff der Republik der Orientierungsrahmen, in dem sich die Diskussionen um die unterschiedlichen Formen der Demokratie abspielten. Denn auch die amerikanischen und französischen Revolutionäre waren keineswegs sicher, ob eine politische Ordnung gut und gerecht, vor allem aber stabil bleiben konnte, wenn eine Mehrheit, das gesamte Volk, herrscht. Noch wirkte Aristoteles' kritische Auffassung nach, dass Demokratie als Volksherrschaft auch «Pöbelherrschaft» bedeuten konnte und damit nur eine andere Form tyrannischer Herrschaft, zwar nicht eines Einzelnen, sondern einer Gesamtheit, war. Der Republikdiskurs hingegen hatte weniger von der Gesamtheit des Volkes, als von den sich selbst regierenden, tugendhaften Bürgern gesprochen, die um das Gemeinwohl ihrer Stadt besorgt waren, Freiheit, Verantwortung und Pflichten für untrennbar und eine moderate, auf Gesetzen beruhende Herrschaft für die beste aller Herrschaftsformen hielten. Die gleiche Auffassung hatten bereits im 17. Jahrhundert die englischen Revolutionäre geteilt, die sich ebenfalls als Republikaner, als Anhänger eines *Commonwealth* freier Bürger verstanden, die einem *empire of laws, and not of men,* wie das James Harrington formulierte, das Wort redeten. So verwundert es nicht, dass auch Rousseau in seinem *Gesellschaftsvertrag* festhielt, dass eine legitime Regierung recht eigentlich nur republikanisch sein konnte: «Tout gouvernement légitime est républicain.» Doch war der alte Republikanismus nicht demokratisch, zumindest nicht in dem Sinne, wie es die griechische Polisdemokratie praktiziert hatte. Die Frage also war, ob sich unter den veränderten Voraussetzungen des 18. Jahrhunderts Republikanismus und Demokratie miteinander vereinbaren ließen oder ob das Modell der athenischen Polisdemokratie so veraltet war, dass es unter den veränderten Bedingungen der Neuzeit nicht mehr tragen konnte.

Vier Gesichtspunkte waren von entscheidender Bedeutung. Zum einen waren sowohl die athenische Polisdemokratie wie auch die oberitalienischen Stadtrepubliken kleinräumige politische Ordnungen. Nun aber musste die Demokratie in einem großen Flächen- und Territorialstaat eingerichtet werden. Das war aber etwas ganz anderes: Die Menschen kannten sich nicht mehr, es war schwierig, wenn nicht gar unmöglich, regelmäßig zu Versammlungen zu erscheinen und jederzeit Ämter zu übernehmen. Zwangsläufig mussten sich die Strukturen der politischen Willens- und Entscheidungsbildung verändern. Damit wurde ein weiteres Problem offensichtlich, das die moderne von der antiken Demokratie trennte. Wenn Demokratie die volle politische Gleichberechtigung aller Bürger, unabhängig von ihrem sozialen Status, ihrem Vermögen und ihrer Herkunft bedeutete, dann stellte sich in einem großflächigen Territorialstaat das Problem, wie alle an allen Entscheidungen und zu jeder Zeit beteiligt werden konnten oder ob es anderer Institutionen bedurfte, um die Beteiligung – in welcher Form auch immer – möglichst vieler Bürger sicherzustellen, wenn jedenfalls feststand, dass die Demokratie nicht mehr als Versammlungsdemokratie praktiziert werden konnte.

Der dritte Gesichtspunkt betraf das Problem der Souveränität. Der neuzeitliche Staat war von einem landesherrschaftlichen Regiment, von Fürsten und Königen geschaffen und regiert worden, die für ihre Herrschaftsgewalt ungeteilte Souveränität beanspruchten. Aus der Erfahrung der Religions- und Bürgerkriege des 16. und im England des 17. Jahrhunderts hatte sich eine Souveränitätsauffassung entwickelt, die die Herrschaftsausübung von allen Beschränkungen und folglich auch von allen Zustimmungserfordernissen abkoppelte. Jean Bodin, der Theoretiker der Souveränität, schrieb 1576: «Das Prinzip souveräner Herrschaft und absoluter Gewalt besteht in dem Punkt, Gesetze ohne die Zustimmung der Untertanen zu erlassen.» Recht war nichts anderes als die Ausübung von unbegrenzter Macht in den Händen des Souveräns. Eine demokratische Revolution, der Sturz des absoluten Herrschers alleine, aber konnte das Problem der Souveränität noch nicht lösen. Denn trat der Demos an die Stelle des Monarchen, dann wurde zwar der Träger der Herrschaftsgewalt ausgewechselt, das Problem der Souveränität, ihrer Bindungen und Beschränkungen aber blieb bestehen. In beiden Hinsichten, dem Problem der Größe eines politischen Gemeinwesens wie auch in der Frage der Souveränität, besaß die Tradition des republikanischen Denkens eine klare Auffassung. Außerhalb kleinster politischer Ordnungen schien Demokratie nicht zu realisieren zu sein. Und uneingeschränkte Souveränität, sei es die des Monarchen oder die des Demos, war in jedem Fall schädlich für die Freiheit. Politische Souveränitätsausübung musste beschränkt werden, weil nur so verhindert werden konnte, dass sie zur Despotie entartete: «La liberté politique ne se trouve que dans les gouvernements modérés», so hieß es bei Montesquieu.

Schließlich stand die moderne Demokratie vor einem tiefgreifenden Problem, das auch die republikanische Tradition nicht so recht lösen konnte: das Problem sozialer und kultureller Pluralität ihrer Bürger. Die antike Demokratie hatte zwar, wie Perikles formulierte, ihren Bürgern überlassen zu tun, was ihnen beliebte, aber zugleich waren die soziokulturellen Unterschiede zwischen ihnen nicht so groß, dass sie die Stabilität der Polisdemokratie gefährdeten. Im Gegenteil, religiöser Kult, öffentliches Gemeinschaftsleben und die Pflege und Inszenierung der eigenen Geschichten und Heroen schufen einen Kosmos gemeinsamer Überzeugungen und Wertvorstellungen, der auch für das politische Leben maßgeblich blieb. Das Gleiche galt für die römische Republik und den spätmittelalterlichen *civitas*-Gedanken, der mit der christlichen Herkunftsgeschichte auf das engste verbunden war. Aber schon die Renaissance hatte, mit ihren neuen naturwissenschaftlichen Entdeckungen, vor allem aber auch in ihrer darstellenden Kunst, das alte Weltbild zu erschüttern vermocht und den Anfang eines neuen Verständnisses des Individuums als des Gestalters seiner natürlichen und politischen Umwelt begründet. Hinzu traten zwei weitere Entwicklungen, die ebenso folgenreich für die politische Ordnungsfrage sein sollten, nämlich die Reformation und die Herausbildung der industriell-kommerziellen Gesellschaft. Die Reformation und die anschließenden Religions- und Bürgerkriege hatten nicht nur, wie Thomas Hobbes aufzeigte, die Souveränitätsfrage virulent werden lassen. Vor allem hatten sie das Thema der Religionsfreiheit und der Toleranz eingeführt und damit zum einen den Grundstock für ein genuin personalgebundenes Verständnis von Freiheit gelegt, zum anderen die Macht des weltlichen Staates infrage gestellt, über diese individuelle Freiheit – eines «Christenmenschen», wie Martin Luther formulierte – verfügen zu können. Glaubensfreiheit wurde zum politischen Postulat unterschiedlicher religiöser Bekenntnisse.

Die entstehende kommerziell-industrielle Gesellschaft veränderte die soziale und ökonomische Struktur der alten ständisch gegliederten Gesellschaft in zweifacher Hinsicht. Zum einen kündigte sich, nicht zuletzt aufgrund der technologischen Veränderungen, bald die revolutionäre Sprengung der feudalistischen und zunftmäßigen Behinderungen freien Wirtschaftens an: Der *homo oeconomicus* forderte seine Rechte nach ökonomischer Betätigungsfreiheit und nach Sicherung seines durch Arbeit entstandenen Besitzes ein. Zum anderen erwuchs die Forderung nach individueller und politischer Gleichberechtigung mit den alten, privilegierten Ständen von Adel und Klerus. Die politische Ordnung bedurfte folglich einer anderen legitimierenden Begründung, als es die herkömmliche, auf Gottesgnadentum des Herrschers und Hierarchie gesellschaftlicher Gliederung basierende alte Ordnung getan hatte. Der Gedanke des Vertrages als Grundlage eines auf der Zustimmung der Individuen beruhenden Staates gewann an politischer Relevanz und verband sich, wie es vor allem bei John Locke deutlich wurde, mit der Idee naturrechtlich hergeleiteter individueller Rechte. Damit war vor allem das Individuum, seine Freiheit und sein Recht auf körperliche Unversehrtheit und Besitz, zu einem zentralen Begründungsproblem der Demokratie geworden. Eine jede politische Ordnung, vor allem eine demokratische, wurde nun vom Einzelnen und seiner Freiheit her gedacht. Dahinter verbarg sich das Problem, wie mit der Pluralität von Interessen und Wertvorstellungen des Individuums umgegangen werden sollte. Man musste nicht so weit gehen wie Thomas Hobbes, der den modernen Menschen als «egoistisch, selbstsüchtig, raffgierig und brutal», als *homo homini lupus*, bezeichnet hatte, aber Zweifel bestanden schon, ob das moderne Individuum noch den in den Traditionen der Antike und des Republikanismus tief verankerten Vorstellungen vom *zoon politikon* oder *animal sociale*, dem von Tugend und Gemeinsinn geleiteten Bürger entsprach. So verwundert es eigentlich nicht, wenn auch Jean-Jacques Rousseau in seinem berühmten vierten Kapitel des Dritten Buches von *Du Contrat Social* erhebliche Vorbehalte geltend machte, das antike Demokratiemodell auf die modernen Verhältnisse zu übertragen. Als Bedingungen für die Demokratie formulierte er «viele schwer zu vereinigende Dinge»: einen «sehr kleinen Staat», eine «große Einfachheit in den Sitten», eine «weitgehende Gleichheit der gesellschaftlichen Stellung und der Vermögen» sowie «wenig oder gar keinen Luxus». Kleinräumigkeit, soziokulturelle Homogenität, sozioökonomische Gleichheit und bürgerschaftliche Tugend («kein Luxus») – das waren aber Bedingungen, auf die die moderne Demokratie nun nicht mehr ohne weiteres gegründet werden konnte. Welche Konsequenzen aber hatte dies für die Begründung der Demokratie?

Auf diese Frage gab es in der Theorie zwei Antworten. Rousseau versuchte eine zeitgemäße Formulierung des antiken Demokratiemodells in Form eines demokratischen Republikanismus zu finden, lud dabei aber zu erheblichen und folgenreichen Missverständnissen seiner Konzeption ein. Seine Theorie der Volkssouveränität war zwar radikal, ließ aber die entscheidende Frage nach ihrer institutionellen Umsetzung unbeantwortet. Die nordamerikanische und englische Entwicklung führte in Theorie und Praxis indes sehr schnell zu einer Form mittelbarer, repräsentativer Demokratie. Dabei erwies sich die «Erfindung» der repräsentativen Demokratie, wie es James Mill 1820 formulierte, als genau die Pointe, mit der die aus der Antike bekannte Demokratie an die modernen Bedingungen angepasst werden konnte. Dass diese Anpassung indes eine Transformation bedeutete, geriet erst allmählich in das Bewusstsein der politischen Akteure. Auch war es nicht nur die Erfindung repräsentativer Mechanismen, die im Übrigen schon aus feudal-monarchischen Zusammenhängen, aus landständischen Versammlungen bekannt waren, sondern es waren auch alte republikanische Vorstellungen von Gewaltenteilung und Mischverfassung, die die Begründung der modernen, repräsentativen Demokratie leiten sollten, genauso wie die vor allem auf die Naturrechtslehre zurückgehenden Vorstellungen individueller Freiheits- und Menschenrechte, die nun mit dem Prinzip der Volkssouveränität verbunden werden mussten.

Eine legitime Regierung muss republikanischen Grundsätzen entsprechen – das war das Credo von Jean-Jacques Rousseau. Man fragt sich, so schreibt Rousseau in seiner Schrift über den Gesellschaftsvertrag, «wie ein Mann frei sein kann und gezwungen, sich Willen zu unterwerfen, die nicht die seinen sind. Wie können Andersdenkende zugleich frei und Gesetzen unterworfen sein, denen sie nicht zugestimmt haben?» In dieser Frage Rousseaus liegt das gesamte Problem der Vereinbarkeit von Freiheit und Herrschaft beschlossen. Rousseau geht es um die Freiheit, vor allem um die Wiedergewinnung der Freiheit, die Rousseau in seiner Zeit eher in eine Knechtschaft verwandelt sieht. So lässt er ja auch das einleitende Kapitel seines ersten

Buches mit dem bekannten Satz beginnen: «Der Mensch ist frei geboren, und überall liegt er in Ketten.» Um die Freiheit wiederherzustellen, ist es notwendig, einen Gesellschaftsvertrag zu schließen, der den *état civil*, den «bürgerlichen Zustand», begründet. Der Einzelne beschließt mit seinen Mitmenschen die Gründung eines politischen Gemeinwesens, dessen *raison d'être* genau darin besteht, allgemeine Gesetze zur Wahrung der Freiheit zu erlassen. Das Gesetz etabliert und sichert Freiheit, zugleich verlangt es aber auch von den Bürgern, dass sie sich dem Gesetz unterwerfen. Diese paradox anmutende Konstruktion lässt sich nur dann rechtfertigen, wenn es der Bürger selbst ist, der sich die Gesetze gibt. Und so ist es vor allem die Idee der Selbstgesetzgebung, die Rousseau in das Zentrum seiner Überlegung stellt: Nur der, der sich selbst die Gesetze gibt, fühlt sich auch an sie gebunden. Dieser Grundsatz wird nun als ein allgemeines Prinzip für das politische Gemeinwesen erweitert. Es ist das Volk, das sich selbst die Gesetze gibt und damit Freiheit in einem politischen Sinne erst schafft, zugleich sich selbst aber auch verpflichtet, den Gesetzen zu folgen.

Rousseau erweitert damit den Vertragsgedanken, den schon Thomas Hobbes zur Grundlage seiner Begründung des modernen Staates verwendet hatte. Auch hier schließen einzelne Individuen einen Vertrag, der einen politischen Zustand, den Staat, begründet. Der Gesetzgeber gibt die Gesetze, nach denen Freiheit, nämlich der Schutz körperlicher Unversehrtheit, die Sicherung des Eigentums und die persönliche Freiheit gewährleistet werden. Wo aber Thomas Hobbes mit seiner Konstruktion des Leviathan – einer Metapher, die er dem Alten Testament entlehnt – eine höchste Gewalt einsetzt, an die die Bürger alle ihre Rechte abtreten und die, jenseits ihrer Verfügungsgewalt, die absolute, ungeteilte Souveränität repräsentiert, belässt Rousseau die gesetzgebende Gewalt beim Volke selbst. Hobbes' Konstruktion kann als Begründung einer absolutistischen Monarchie verstanden werden. Rousseaus Gesellschaftsvertrag aber läuft auf die Begründung der Souveränität des Volkes als der entscheidenden Gesetzgebungsinstanz hinaus.

Das Gesetz, vom Volke beschlossen, verkörpert für Rousseau

den Gemeinwillen. Diese *volonté générale* ist, so bestimmt er, «immer auf dem rechten Weg», weil sie auf das öffentliche Wohl zielt. Der Gemeinwille hat immer Recht, er kann nicht irren. Und wenn nun in einem Prozess der Abstimmung ein Einzelner anderer Meinung sein sollte, dann, so Rousseau, «beweist dies nichts anderes, als dass ich mich getäuscht habe und dass das, was ich für den Gemeinwillen hielt, es nicht war». Genau in diesen Formulierungen liegt die Kritik begründet, die immer wieder gegen Rousseau vorgetragen worden ist. Zum Teil wurden in diesen und anderen, gleichlautenden Passagen Ansätze eines demokratischen Totalitarismus gesehen, der zur Tyrannei eines Gemeinwillens führt und letztlich auf die Vernichtung der Freiheit des Einzelnen gerichtet ist. Auch ist immer wieder argumentiert worden, dass die Rousseau'sche Konstruktion die Alleinherrschaft einer einzigen Partei zu legitimieren in der Lage ist, die für sich etwa beansprucht, den Allgemeinwillen zu repräsentieren und abweichende Minderheiten dementsprechend zwingt, sich ihrem Herrschaftsanspruch zu fügen. In die gleiche Richtung scheinen auch Passagen zu tendieren, in denen Rousseau bereits allein die Existenz von Sonderinteressen, von partikularen Willen, als Anzeichen des Niedergangs eines Gemeinwesens deutet. Doch gehen pauschale Vorhaltungen, etwa derart, dass Rousseau der Begründer der totalitären Demokratie sei, an Rousseau und seinem Anliegen vorbei. Denn zuallererst geht es Rousseau um die Selbstgesetzgebung als das Prinzip, Freiheit und Gemeinwohl miteinander in Einklang zu bringen. Wichtigste Bedingung hierfür ist, dass die Gesetzgebung beim Volk verbleibt, um damit auch eine Selbstbindung herzustellen.

Eine jede Regierung, so Rousseaus Argument, kann nur dann als legitim gelten, wenn sie auf Gesetzen beruht, die das Volk beschlossen hat. Gesetzgebung ist Sache des Volkes, das ist für Rousseau nicht nur der Kern von athenischer Polisdemokratie und republikanischer Tradition, sondern das Fundament eines jeden freiheitlichen Gemeinwesens. Die Radikalität seines Ansatzes besteht genau darin, dass er das Volk, die Gesamtheit der Bürger, mit der Gesetzgebung identifiziert und als Träger der ungeteilten, unveräußerlichen und unübertragbaren Souveränität bestimmt. Dieser Zusammenhang macht Rousseau zum Theoretiker der Volkssouveränität, zum Vordenker der Französischen Revolution und zum Klassiker der Demokratietheorie.

Dass Rousseau die Souveränität des Volkes aber auch für unfehlbar hält, das hat ihn angreifbar gemacht. Und auch seine harsche Polemik gegen die Vorstellung, dass Gesetzgebung etwa durch Repräsentanten, durch Abgeordnete und Parlamente, vollzogen werden könnte, hat ihm schnell Kritik eingetragen. Für Rousseau ist es die Aufgabe des Bürgers selbst, die Gesetze zu beschließen: «Jedes Gesetz, das das Volk nicht selbst beschlossen hat, ist nichtig; es ist überhaupt kein Gesetz.» So blickt er mit Häme auf England, wo sich seit dem 17. Jahrhundert ein fast schon parlamentarisch zu nennendes System konstitutioneller Monarchie herauszubilden begann, in dem Gesetze von König und Parlament gemeinsam beschlossen wurden. Die Betätigung des Volkswillens durch eine Repräsentationskörperschaft, durch Parlamente, ist indes für Rousseau eine Illusion: «Das englische Volk glaubt frei zu sein. Es täuscht sich gewaltig, es ist nur frei während der Wahl der Parlamentsmitglieder; sobald diese gewählt sind, ist es Sklave, ist es nichts. Bei dem Gebrauch, den es in den kurzen Augenblicken seiner Freiheit von ihr macht, geschieht es ihm recht, dass es sie verliert.» Es sind diese Polemiken, die Rousseau in den Augen seiner Kritiker zu einem unversöhnlichen Gegner der repräsentativen, parlamentarischen Demokratie haben werden lassen. Und es ist wohl richtig, dass zwischen Rousseau und der modernen repräsentativen, parlamentarischen Demokratie ein unüberbrückbarer Gegensatz besteht. Falsch aber ist es, aus Rousseau einen Vertreter identitärer Demokratie zu machen, einer Demokratie also, wo Legislative und Exekutive in einer Hand, nämlich in der des Volkes, liegen. In dieser Hinsicht hat zwar Rousseau ebenfalls große Sympathien mit dem Volk der athenischen Polisdemokratie, in der die gesamte Bürgerschaft ja nicht nur die Gesetze in den Volksversammlungen beschloss, sondern auch berechtigt war, die ausführenden Ämter – und die Gerichte – selbst zu besetzen. Rousseau aber ist realistisch genug, eine solche Form der Demokratie für so voraussetzungsvoll zu halten, dass sie unter modernen Bedingungen nur von einem «Volk von Göttern» eingerichtet werden kann. Resignierend hält er fest: «Eine so vollkommene Regierung passt für Menschen nicht.»

So revolutionär Rousseaus Theorie der Volkssouveränität wirken sollte, so wenig praktikabel schien sein Ordnungsmodell zu sein. Genau genommen hatte Rousseau kein Modell anzubieten für die Errichtung eines demokratischen Systems. Dass die Gesetzgebung vom Volke ausgehen sollte, etablierte das Volk als den ungeteilten Souverän, sagte aber nichts darüber aus, wie denn nun diese Souveränität im konkreten politischen Alltag ausgeübt und organisiert werden sollte. Das Prinzip der Versammlungsdemokratie, welches Rousseau immer noch als das antike Vorbild vor Augen stand, mochte als das Prinzip der «Landsgemeinde» allenfalls in kleinen Flächenstaaten, in Stadtstaaten oder in den Kantonen der Schweizer Eidgenossenschaft praktiziert werden. Für Korsika erdachte Rousseau eine Republik, die dem antiken Demokratiemodell relativ nahe kam. Aber dort, wo der Territorialstaat nun nach republikanischen Grundsätzen eingerichtet und das Volk als Träger der Souveränität etabliert werden sollte, stellte sich das Problem, übrigens auch für Rousseau, wie er in seinem Verfassungsentwurf für Polen zeigte, anders. Großflächige demokratische Republiken konnten nur als «zusammengesetzte» Republiken gedacht werden, wo es neben der zentralstaatlichen Ebene teilstaatliche Subeinheiten mit hoher Autonomie und breiter Beteiligung der Bürger geben konnte. So weit waren Rousseaus Ideen auch durchaus umsetzbar. Aber wie eigentlich ein großer Territorialstaat so eingerichtet und verfasst werden konnte, dass er demokratischen Ansprüchen gerecht werden konnte und dabei die veränderten sozialen, ökonomischen und kulturellen Bedingungen in Rechnung stellte, das ließ sich mit Rousseaus Modell kaum denken. Hier war dann eben doch die Transformation zu vollziehen, vor der Rousseau letztlich zurückschreckte: der Weg hin zur repräsentativen, parlamentarischen Demokratie. Unter veränderten historischen Bedingungen sollte dieser Schritt zuerst in Nordamerika und dort dann auch mit allen Konsequenzen vollzogen werden.

Thomas Paine, der aus England stammende Revolutionär in Nordamerika, brachte es in seiner viel gelesenen Schrift *Rights of Man* von 1791/92 auf einen einfachen Nenner: «Simple democracy was society governing itself without the aid of secondary means. By engrafting representation upon democracy, we arrive at a system of government capable of embracing and confederating all the various interests and every extent of territory and population.» Die repräsentative Demokratie war also das Mittel, um auch angesichts eines großen Raumes und verschiedener pluraler Interessen eine demokratische Verfassung einrichten zu können. Paine glaubte, dass die ursprüngliche «einfache» Demokratie nicht in der Lage sei, räumlich ausgedehnt zu werden, wobei er einräumte, dass dies nicht prinzipiell unmöglich, wenngleich in ihrer versammlungsdemokratischen Form nicht praktikabel sei. Auch glaubte er, dass die direkte, unmittelbare Demokratie, wie sie in Athen praktiziert worden war, einer gewissen Homogenität der Anschauungen und Wertvorstellungen, genauso einer gewissen Gleichheit der ökonomischen Verhältnisse bedurfte. Was er aber in Nordamerika, und nicht nur dort, beobachtet hatte, das war das Entstehen der kommerziellen Gesellschaft und die Ausweitung des politischen Raumes in den großen Flächenstaat. Insofern unterschied sich Thomas Paine von Jean-Jacques Rousseau kaum in der Analyse, wenngleich er andere Schlussfolgerungen zog. Dabei bestand gar kein Zweifel daran, dass Paine wie auch die anderen amerikanischen Revolutionäre, die 1776 die Ablösung vom englischen Mutterland betrieben und die Unabhängigkeit ausgerufen hatten, Anhänger und Verfechter des Gedankens der Volkssouveränität waren. Nicht von ungefähr war das plurale «we» in der *Declaration of Independence* von 1776 und das «We the People» in der Verfassung von 1787 Ausdruck der politischen Souveränität des amerikanischen Volkes. Auch war völlig unbestritten, dass ein jeder – männlicher, weißer – Bürger in den unabhängig gewordenen Vereinigten Staaten gleiche politische Rechte besaß – sieht man von hier und dort bestehenden Wahlrechtsqualifikationen einmal ab. Denn gerade die Verletzung der Rechte war ja Anlass gewesen, die Unabhängigkeit vom englischen Mutterland zu betreiben und zu begründen. Die *Virginia Bill of Rights* von 1776, die erste Kodifikation von gleichen Grund- und Menschenrechten und Modell für die französische Erklärung der Menschen- und Bürgerrechte von 1789, hatte dem Ausdruck gegeben. 1776 war also genau jene Situation eingetreten, die Rousseau, aber auch Hobbes und Locke, als die Gründung eines politischen Gemeinwesens durch Vertrag beschrieben hatten. Die Herrschaft des Volkes hatte sich in der nordamerikanischen Revolution materialisiert.

Und doch zeigte sich gleichzeitig der Widerstand gegen die Etablierung einer radikalen und direkten Demokratie, die sich etwa der antiken, klassischen Vorbilder bedient hätte. Theoretisch war zwar denkbar, das versammlungsdemokratische Prinzip, das beispielsweise in den *townhall meetings* Neuenglands praktiziert wurde und das sich in seinen Ursprüngen auch auf die religiöse und kommunale Gemeindepraxis der amerikanischen Sekten und Siedler berufen konnte, auf das politische System der nun von den Kolonien zu Einzelstaaten mutierten Gemeinwesen zu übertragen. Das aber fand nach 1776 so gut wie nirgendwo statt. Sehr schnell bestand Einigkeit darüber, dass das Prinzip der Versammlungsdemokratie schon nicht mehr auf die Fläche der amerikanischen Einzelstaaten übertragbar war. Man ging sogar noch einen Schritt weiter. Thomas Jefferson, der Verfasser der Unabhängigkeitserklärung, von vielen als ein radikaler Demokrat angesehen, gehörte früh zu den Kritikern auch legislativer Machtkonzentration. So glaubte er beispielsweise, dass die Verfassung des Staates Virginia durch die Monopolisierung von Macht in der durch Wahlen von Repräsentanten zustande gekommenen Legislative despotisch wirken konnte. Ein «Wahldespotismus» sei nicht die Regierungsform, für die die amerikanischen Revolutionäre gekämpft hätten: «173 despots would surely be as oppressive as one.» Das Gleiche galt in den Augen vieler auch für das Einkammersystem, das in Pennsylvania zunächst eingeführt worden war. Jefferson machte deutlich, dass die Demokratie, um einen *elective despotism* zu vermeiden, eine gewaltenteilige Demokratie sein müsse: «in which the powers of government should be so divided and balanced among several bodies or magistracies, as that no one could transcend the legal limits, without being effectually checked and restrained by the others». Gewaltenteilung bedeutete damit auch die Limitierung der demokratischen Herrschaft, also keine Gewaltenkonzentration in der Hand des Volkes und seiner Legislative, auch keine identitäre Demokratie in dem Sinne, dass Legislative, Exekutive und Judikative in einer Hand, unmittelbar geführt vom Volke, lägen. Nicht die «reine Demokratie», die Versammlungsdemokratie athenischen Vorbilds, sollte in Nordamerika etabliert werden, sondern ein neues, anderes System, das der gemäßigten, repräsentativen Demokratie. Um die Unterschiede in der politischen Auseinandersetzung auch rhetorisch prägnant auf den Begriff zu bringen, wurden die beiden Konzeptionen in der amerikanischen Gründungsphase mit den beiden Begriffen *pure democracy* und *republic* belegt, wobei unter Letzterem das Modell der repräsentativen Demokratie verstanden wurde. Die Nordamerikaner setzten sich damit sowohl von der Antike und ihrer Überlieferung wie auch von Rousseaus radikalem Republikanismus ab, dessen Schrift *Über den Gesellschaftsvertrag* alle kannten und mit der sie, zum Teil absichtsvoll missverstehend, das Modell der «reinen Demokratie» verbanden. Zugleich stellten sich die Gründerväter der Vereinigten Staaten in die Tradition des alten, gemäßigten Republikanismus, weil sie in ihr jene Vorbilder von bürgerschaftlicher Selbstregierung, Mischverfassung und gemäßigter Regierung fanden, die sie für ihr Modell der gemäßigten, repräsentativen Demokratie zu übernehmen gedachten.

In der Debatte um die auf dem Konvent von Philadelphia entworfene Verfassung von 1787 kam es zwischen den Befürwortern und den Gegnern des Verfassungsentwurfs zu einer breiten öffentlichen Diskussion um Form, Inhalt und Zweck von Republik und Demokratie. Die intellektuellen und politischen Kombattanten sahen sich beide als Gründer einer neuen Republik in der Tradition klassischer Denker des republikanischen Ordnungsmodells stehen und fühlten sich verpflichtet, die von ihnen analysierten Krankheiten und Verfallserscheinungen vorangegangener Republiken mit «republikanischen Heilmitteln» zu beheben. Die Kontroversen wurden in Flugschriften, auf Ratifikationskonventen und vor allem in den Zeitungen und Journalen ausgetragen. In New York wurden von Oktober 1787 bis Mai 1788 fünfundachtzig Artikel publiziert, deren Autoren Alexander Hamilton, James Madison und John Jay waren und die für die Stärkung der Union, eine nationale Regierung und folglich für die Verfassung des Bundesstaates plädierten. Diese Artikelfolge wurde schon bald als Buchausgabe unter dem Titel *The Federalist Papers* veröffentlicht. Die Anti-Federalists, die Gegner des Verfassungsentwurfs, suchten an der Ordnung des Staatenbundes von 1776 festzuhalten. Sie waren wie Rousseau der Überzeugung, dass eine demokratische Staatsform nur bei einer Begrenzung der Größe des Landes, der Bevölkerungszahl und der sozialen Unterschiede möglich sei. Repräsentative Institutionen, soweit sie unvermeidlich schienen, waren mit einer so großen Zahl von Repräsentanten zu beschicken, dass sie immer noch den allgemeinen und nicht etwa einen partikular-elitären Willen repräsentierten. Wie Montesquieu konnten sie sich einen Zusammenschluss der Einzelstaaten nur als eine lose Konföderation weitestgehend autonomer und kleiner (Teil-)Republiken vorstellen. Und schließlich glaubten sie mit Montesquieu und der Tradition des bürgerlichen Humanismus, mit Aristoteles, Cicero, Machiavelli und Harrington, an die Idee der bürgerschaftlichen Tugend als conditio sine qua non einer jeden demokratischen Republik.

Es war vor allem dieser Begründungszusammenhang, der die Anti-Federalists von den Befürwortern des Verfassungsentwurfs von 1787 trennte. Diese argumentierten zwar ebenfalls in dem republikanischen Traditionszusammenhang, versuchten auch Montesquieus Republikbegriff mit ihrer Konzeption von einer *extended republic* interpretatorisch zu vereinbaren, glaubten aber, angesichts der veränderten politisch-soziologischen Bedingungen, nicht mehr an die Tragfähigkeit von individueller und bürgerlicher Tugend für die Beständigkeit der demokratisch-republikanischen Staatsform. Die Federalists sahen Einzelne wie Gruppen von Ehrgeiz und Interesse und die Gesellschaft insgesamt von konkurrierenden *factions* dominiert. Das Problem einer nicht von der Tugend, der Unterordnung des Einzelinteresses unter das Gemeinwohl geleiteten Gesellschaft, suchten die Federalists durch das System repräsentativer, von unmittelbarem Volkseinfluss freier Institutionen und «doppelt sicherer», vertikaler und horizontaler Gewaltentrennung zu lösen. «Ambition must be made to counteract ambition» – dieser Programmsatz, den Madison von Montesquieu und seiner Lehre der Gewaltenverschränkung übernommen hatte, ließ ein großflächiges Territorium zur Brechung von als gefährlich angesehenen Mehrheitsbildungen geeigneter und ein Regime voneinander unabhängigen, sich gegenseitig kontrollierender Institutionen als sicherer erscheinen. Somit bot gerade die Großräumigkeit für die Federalists Vorteile, die den aus der Geschichte der demokratischen Republiken bekannten Verfallserscheinungen erfolgreich entgegengehalten werden konnten. Schädliche Einflüsse und gefährliche Strömungen, demagogische Aufwiegelungen und tyrannische Mehrheitsbildung ließen sich für sie in großflächigen politischen Territorien besser neutralisieren.

Damit hatten die Federalists den vermeintlichen Nachteil, nämlich die Ausdehnung des politischen Raumes, in einen Vorteil umgemünzt. Ganz ähnlich argumentierten sie, was das von Rousseau thematisierte Problem von Freiheit, Gemeinwohl und Partikularwillen anging. In einer rhetorisch sehr eingängigen Argumentation entfalteten die Federalists in dem ihre Demokratietheorie konzise zusammenfassenden zehnten Artikel eine gedankliche Linie, die im Wesentlichen darauf abstellte, die Auswirkungen unterschiedlicher Interessen und Wertvorstellungen der Bürger zu kanalisieren und nicht deren Ursachen zu beseitigen. Damit hatten sie eine Antithese zu Rousseau formuliert, indem sie dessen Ansicht, Partikularwillen und abweichende Meinungen müssten im Interesse des Gemeinwillens ignoriert oder gar unterdrückt werden, entschieden zurückwiesen. *Factions*, also Interessengruppen und Parteiungen, existierten nun einmal, weil sie in der menschlichen Natur und im unterschiedlichen Gebrauch der Vernunft angelegt seien. Unterschiedliche Meinungen und Interessen seien gar die Folge der menschlichen Freiheit: «Freiheit ist für Faktionen, was Luft für das Feuer ist, ein Lebenselixier, ohne die sie sofort ersticken.» Deshalb sei es unsinnig, die Freiheit abzuschaffen, die für das politische Leben unerlässlich sei, nur weil sie auch *factions* fördere. Unsinnig sei es auch, «alle Bürger mit den gleichen Meinungen, den gleichen Leidenschaften und denselben Interessen zu versehen». Die Federalists akzeptierten also in einer realistischen Wendung die veränderten politisch-sozialen Grundbedingungen der modernen kommerziellen Gesellschaft und versuchten, darauf ihr Modell der repräsentativen Demokratie zu errichten. So führte für die Federalists die Pluralität von Werten, die Vielheit von Interessen und die Unterschiedlichkeit von gesellschaftlichen und politischen Gruppierungen zur Begründung eines hochkomplexen demokratischen Regierungssystems, das, durchaus in der Tradition des Republikanismus, als eine gemischte Verfassung zu verstehen war. Es war zum einen keine Frage, dass die neue Ordnung eine Demokratie, basierend auf der Souveränität des Volkes und der Herrschaft der Mehrheit, sein sollte. Zum anderen aber ging es darum, die Freiheit der Einzelnen und der Gruppen zu erhalten und einer Tyrannei durch die Mehrheitsherrschaft von Anfang an zu wehren. Demokratische Mehrheitsherrschaft und liberale Machtbegrenzung sollten in einem System gemäßigter Demokratie miteinander vereinbart werden. Deshalb war es für die Federalists nur zu deutlich, dass die «reine Demokratie», wie sie aus der Zeit der athenischen Volksversammlungsdemokratie bekannt war, nicht tauglich für einen großen Flächenstaat war. Sie plädierten stattdessen für ein repräsentatives, auf Wahl von Abgeordneten und Mandatsträgern basierendes System. Die Wahl von Repräsentanten und Senatoren sollte gewährleisten, dass Entscheidungen nicht unter dem Druck von zufällig zustande gekommenen oder manipulierten Mehrheiten, sondern auf der Grundlage nüchterner und distanzierter Beratung von Repräsentanten gefällt wurden. Das Repräsentationssystem war also als Filter für eine kluge, gerechte und weise Willens- und Entscheidungsbildung zu verstehen.

Zugleich ersannen die Federalists ein ausgeklügeltes System von *checks and balances*, von Gewaltenhemmung und Gewaltenbalance zwischen den einzelnen Organen auf Bundesebene, aber auch zwischen dem Bundesstaat und den Einzelstaaten. Föderalismus und Interorganverschränkungen und -kontrollen sollten Machtzusammenballungen in den Händen Weniger verhindern. Die föderalistische Ordnung gab den amerikanischen Einzelstaaten weitgehende Kompetenzen und auf vielen Feldern das Recht der ausschließlichen, von ihnen zu versehenden Gesetzgebung. Auf Bundesebene besaßen der Kongress, Repräsentantenhaus und Senat, und der amerikanische Präsident, der Chef der Exekutive, unterschiedliche Kompetenzen, aber dennoch teilten sie sich in manche Gewalten, wie zum Beispiel die der Gesetzgebung. Die Gesetzgebung war zwar Sache des Kongresses, aber in manchen Gesetzgebungsmaterien besaß – und besitzt – der amerikanische Präsident ein Vetorecht. Hier kontrollieren sich die Institutionen, indem sie aufeinander einwirken. Von diesem Mechanismus der Trennung und der Verschränkung der Gewalten versprachen sich die Federalists zum einen ein hohes Maß an Effektivität, zum anderen aber auch eine wirksame Begrenzung der Macht der einzelnen Institutionen. Da zugleich die Mandatsträger auf Bundesebene unterschiedliche Wählerschaften und Interessen vertraten – die Repräsentanten wurden direkt vom Volk gewählt, die Senatoren waren gehalten, die Interessen der Einzelstaaten zu vertreten, und der Präsident stand für die gesamte Nation –, spiegelte sich in der politischen Diversität von Institutionen und Entscheidungsträgern die gesellschaftliche und föderale Heterogenität des großflächigen Gesamtstaates wider. Macht- und Interessenkonflikte schienen begrenzbar zu sein durch gegenseitige Kontrolle und institutionelle Balance.

Mit dem Sieg der Federalists im Ratifizierungsprozess der amerikanischen Verfassung war 1787/88 für den großen Flächenstaat der Vereinigten Staaten von Amerika das System der repräsentativen Demokratie geboren worden. Weil die Federalists eine Diktatur der Volksherrschaft fürchteten, auch einem reinen demokratischen Mehrheitsprinzip misstrauten, versahen sie ihren *scheme of representation* noch mit weiteren *auxiliary precautions*, Hilfsvorkehrungen, wie einer vertikalen und horizontalen Gewaltenteilung sowie einer unabhängigen Justiz. Damit war aus der alten Republik der *pure democracy* eine Republik neuen Typs auf repräsentativer Grundlage gemacht worden. Das Verfassungsmodell der Federalists war demokratisch, weil es die Regierung frei, im Rahmen der berechtigten weißen männlichen, nur zum Teil von Eigentums- oder Steuerqualifikation eingeschränkten Wahlbevölkerung bestimmen ließ und den Regierungswechsel, erstmalig 1800/01 im Übergang von den Federalists zu den *Jeffersonian Republicans,* in einem friedlichen, konstitutionellen Rahmen ermöglichte. Das war nicht nur der erste reguläre, in einem repräsentativ-demokratischen System vollzogene Wechsel einer Regierung überhaupt, es war zugleich auch, weil sich zwei große unterschiedliche Parteien gegenüberstanden, der Beginn der Parteiendemokratie. Parteien, so wurde schnell deutlich, verdichteten die in der Gesellschaft vorfindlichen differenten Werte und Interessen und brachten sie in das politische System ein. Zugleich rekrutierten sie politisches Führungspersonal und sorgten dafür, dass die Wahlämter mit den Protagonisten der eigenen Partei besetzt werden konnten. Anders also als bei Rousseau wurde die Pluralität von Interessen und Parteiungen, der *factions*, von den Federalists explizit anerkannt, ihre «neue Wissenschaft von der Politik» machte aus der Not eine Tugend und formulierte eine in sich geschlossene, stringente Theorie repräsentativer, gewaltenteiliger Demokratie auf konstitutioneller Grundlage.

Das Modell der repräsentativen, gewaltenteiligen Demokratie, das sich in den USA zwischen 1776 und 1787/88 als das Grundmodell der modernen Demokratie herausbildete, war nicht vom Himmel gefallen. Es hatte seine Vorläufer im englischen Mutterland, wo sich sowohl ein rudimentärer Parlamentarismus als auch ein System der Gewaltenteilung herausgebildet hatten. Bis auf die Zeiten der *Magna Charta* von 1215 geht die Idee zurück, dass keine Steuer ohne gemeinsame Beratung im Königreich erhoben werden durfte. Der König bedurfte des Rates, aber auch der Zustimmung von Männern aus seinem Reich, um die Finanzen festzustellen. Daraus entwickelte sich um die Mitte des 13. Jahrhunderts die Institution des Parlaments, das, wie Statute festlegten, mindestens einmal jährlich stattfinden sollte. Wenngleich in diesen Parlamenten vor allem die «Magnaten», adelige Großgrundbesitzer, vertreten waren, bildete sich doch seit dem 14. Jahrhundert die Vorstellung des Parlamentes als einer Vertretung der Gesamtgenossenschaft aller Kreise und Gemeinden des Königreiches heraus, was dazu führte, dass nun auch die «Gemeinen», die «commons», Zugang in die Vertretung bekamen. Später sollte sich hieraus das *House of Commons*, das Unterhaus, bilden.

Natürlich war das Parlament noch keine demokratische Repräsentationskörperschaft, erst die Wahlrechts- und Parlamentsreformen des 19. und 20. Jahrhunderts führten zur vollen Parlamentarisierung der konstitutionellen Monarchie und zur Demokratisierung des Parlamentarismus. Doch bewirkte die frühe Etablierung des Parlaments als Gesamtvertretung des englischen *Commonwealth* zwei entscheidende Weichenstellungen.

Zum einen bildete das System des «King-in-Parliament», das parlamentarische Zusammenwirken von König, Oberhaus und Unterhaus, eine Balance sozialer und politischer Gewalten heraus, die nicht nur Montesquieu in seinem berühmten England-Kapitel seiner Schrift *De l'esprit des lois* beeindruckt und die er als den Idealfall einer gemäßigten, freiheitlichen Republik beschrieben hatte, sondern die auch, als Mischverfassung monarchischer, aristokratischer und demokratischer Elemente, aus dem antiken und frühneuzeitlichen Zusammenhang ablösbar zu sein schien, um sie, als wechselseitige Institutionenverschränkung und -kontrolle, als *checks and balances*, auf genuin demokratische Verhältnisse anzuwenden. So erwiesen sich die amerikanischen Gründerväter als die präzisen Adepten der englischen Tradition, als sie Repräsentation und Gewaltenteilung miteinander verbanden, wobei sie die Argumentation vom monarchischen auf das demokratische System umstellten. Um noch einmal Hamilton zu zitieren: «When the deliberative or judicial powers are vested wholly or partly in the collective body of the people, you must expect error, confusion and instability. But a representative democracy, where the right of election is well secured and regulated, and the exercise of the legislative, executive and judiciary authorities is vested in selected persons chosen really and not nominally by the people, will in my opinion be most likely to be happy, regular and durable.»

Die andere nachhaltige Wirkung, die vom frühen britischen Parlamentarismus ausging und die für das Verständnis repräsentativer Demokratie wesentlich wurde, war die Vorstellung von *responsible government.* Damit verband sich die Auffassung, dass es das Recht der Bürger war, ihre Repräsentanten auszuwählen und sie für ihre Ausführung von Amt und Mandat verantwortlich zu machen – eine Auffassung, die auch die athenische Praxis der Rechenschaftsablegung und -kontrolle der Amtsträger auszeichnete, die aber auch der republikanischen Tradition bürgerschaftlicher Selbstregierung entstammte. Das Verhältnis zwischen Repräsentierten und Repräsentanten beruhte zum einen auf Zustimmung, zum anderen auf Vertrauen. Wurde das Vertrauen enttäuscht, die Mandats- oder Amtsführung nicht so versehen, wie es sich die Bürger gewünscht hatten, so konnte die Zustimmung zurückgezogen werden, was Widerstand gegen beschlossene Maßnahmen oder Gesetze der Regierenden durchaus einschloss. Diese Theorie eines engen, auf Vertrauen beruhenden Verhältnisses von Repräsentation auf Zeit hatte sich bereits im 17. Jahrhundert, vor allem in den Auseinandersetzungen, die von der Enthauptung Karls I. 1649 über Cromwells Interregnum bis zur Glorious Revolution von 1688/89 andauerten, herausgebildet. Die Levellers, eine radikaldemokratische Bewegung, die die Sache des Parlaments gegen den König in den 1640er Jahren verfochten und die Ausweitung der Wahlrechte forderten, gehörten ebenso zu den Protagonisten dieser Auffassung wie John Locke, der in seinen beiden Abhandlungen über die Regierung, 1679/80 geschrieben, eine Theorie des *civil government* entwickelte, die auf Vertrag, Zustimmung – *consent* – und Vertrauen sowie, bei Zuwiderhandlungen der Repräsentanten, auf der Geltendmachung von Widerstandsrecht beruhte.

Locke war es auch, der den Zweck der eingesetzten Regierung, worunter er vornehmlich Legislative und Exekutive verstand, an die Wahrung individueller, natürlicher Rechte band. Zu diesen elementaren Bürgerrechten zählte er den Schutz von Leben, Freiheit und Besitz. Wenn er diese Rechte summarisch immer wieder als *property,* als Eigentumsrechte, bezeichnete, so war damit keineswegs eine Verengung auf besitzindividualistische Rechte, etwa von besitzenden Bevölkerungsgruppen, gemeint, wie das Locke bisweilen unterstellt worden ist. *Property* war der Oberbegriff für die Freiheitsrechte des Einzelnen. Damit sollte zum Ausdruck gebracht werden, dass diese Rechte im Eigentum des Individuums standen und ihm nicht – weder durch Vertrag, wie bei Hobbes, noch durch willkürliches Regierungshandeln – genommen werden konnten. Entscheidend für Lockes Staatskonzeption, die noch keine dezidiert demokratische Theorie war, wenngleich sie so weitergeführt werden konnte, war nun, dass diese Rechte zugleich die Grenzen des Regierungshandelns festlegten. Nur auf der Grundlage eines allgemeinen Gesetzes konnte überhaupt in die geschützten Freiheitsräume der Bürger eingegriffen werden, dabei durften aber die Kernbereiche der Rechte nicht verletzt werden. Das galt gleichermaßen für eine monarchische wie auch für eine demokratische Gewalt. Locke hatte damit die mit der *Magna Charta* beginnende englische Entwicklung der Gewährung von Freiheiten, den sogenannten *privileges*, auf den Begriff gebracht, dabei aber, mit seiner naturrechtlichen Begründung, eine radikale Zuspitzung vorgenommen, weil nun die Freiheiten als vorstaatliche und unveräußerliche Rechte verstanden werden mussten – was indes weder ihrer historischen Genese entsprach noch ihrer Durchsetzung in England selbst förderlich war. Die Bedeutung der Locke'schen Konzeption war aber kaum zu unterschätzen, weil sich hier das Modell einer liberalen Demokratie zu erkennen gab, welches die Verfahren repräsentativ-demokratischer Willens- und Entscheidungsbildung mit den Grenzen der Wahrung individueller Rechte und Freiheiten verband. Auch hier erwiesen sich die nordamerikanischen Gründer als gelehrige Schüler. Die amerikanische Unabhängigkeitserklärung von 1776 liest sich wie ein Zitat aus Lockes *Zweiter Abhandlung über die Regierung* – eigentlich keine Überraschung, stellt man in Rechnung, dass Thomas Jefferson, der die *Declaration of Independence* verfasste, Locke zu einem seiner drei Lieblingsphilosophen zählte. So heißt es in ihr: «We hold these truths to be self-evident, that all men are created equal, that they are endowed by their Creator with certain inalienable

Rights, that among these are Life, Liberty, and the pursuit of Happiness. That to secure these rights, Governments are instituted among Men, deriving their just powers from the consent of the governed. That whenever any Form of Government becomes destructive of these ends, it is the Right of the People to alter or to abolish it, and to institute new Government ...».

Frankreich ging zunächst den amerikanischen, ja fast auch den englisch zu nennenden Weg. Rousseau spielte vorerst keine Rolle. Nicht nur, dass am Anfang der Französischen Revolution die *Déclaration des droits de l'homme et du citoyen* stand, eine Menschenrechts- und Bürgerrechtserklärung, die die ständischen Unterschiede zugunsten bürgerlicher und individueller Rechtsgleichheit beseitigte und damit das übernahm, was in den nordamerikanischen Einzelstaaten an Bürgerrechtskodifikationen zumeist schon in die Verfassungen eingegangen war. Auch das gewaltenteilige, repräsentative Demokratiemodell war zunächst Grundlage des neuen politischen Ordnungsmodells. Artikel 16 der Allgemeinen Erklärung der Menschenrechte hatte 1789 unmissverständlich befunden, dass eine jede Gesellschaft, in der diese Rechte nicht garantiert und die Trennung der Gewalten nicht bestimmt ist, keine Verfassung habe. Die Verfassung von 1791 entsprach dann genau, mit der Aufnahme des Rechtekatalogs, der Gewaltenteilung und dem Bekenntnis zum Repräsentationsprinzip, dieser Bestimmung. Abbé de Sieyès, der Revolutionstheoretiker, war es gewesen, der in seiner berühmten Schrift *Was ist der Dritte Stand?* die französische Konzeption der Volkssouveränität aus der Gleichsetzung des Dritten Standes mit der gesamten französischen Nation begründet hatte, sie zugleich aber in der Festschreibung der Menschen- und Bürgerrechte, von Repräsentation und Gewaltenteilung konkretisiert sah. «Meiner Meinung nach», so Sieyès, «ist jede gesellschaftliche Verfassung, bei der nicht die Repräsentation das wesentliche ausmacht, eine falsche Constitution; sie heiße Monarchie oder nicht. Jeder Menschenhaufen, der sich zu einem Staat organisieren will ..., hat keine andere Wahl als zwischen Repräsentanten und Gebieter, zwischen einer gesetzmäßigen Regierung und Despotismus.» Sieyès nahm damit genau jene

Entgegensetzung von despotischer und gewaltenteilig-repräsentativer Ordnung auf, die die republikanische Tradition in England, die Montesquieu und die amerikanischen Revolutionäre als entscheidend für die Einrichtung eines freiheitlichen Gemeinwesens angesehen hatten. Dabei war dann, wie Sieyès, aber auch schon Rousseau und Robespierre klarstellten, die Republik durchaus mit einem Monarchen an der Spitze als dem Repräsentanten der Nation vorstellbar. Als im Sommer 1791 nach der gescheiterten Flucht König Ludwigs XVI. und seiner Suspendierung vom Amt die monarchische Gewalt zur Disposition stand, erklärte auch Robespierre noch: «Le mot république ne signifie aucune forme particulière de gouvernement: il appartient à tout gouvernement d'hommes libres, qui ont une patrie. Or, on peut être libre avec un monarque comme avec un sénat. Qu'est-ce que la constitution actuelle? C'est une république avec un monarque.» Frankreich, so schien es, wäre fast den Weg der konstitutionellen Monarchie auf demokratischer Grundlage gegangen. Doch sollten sich die demokratischen Entwicklungspfade Englands und Nordamerikas auf der einen Seite und Frankreichs auf der anderen mit der Radikalisierung der französischen Ereignisse ab 1792 trennen. Erst jetzt wurde Rousseau, seit vierzehn Jahren bereits tot, zum Paten der Revolution.

Der Sturm auf die Tuilerien am 10. August 1792 mündete in die Abschaffung der Monarchie durch den Nationalkonvent, der daraufhin die *République française une et indivisible* ausrief – eine Formulierung, die sich bis heute in den verschiedenen französischen Verfassungen wiederfindet. Der Konvent errichtete eine zentralistische demokratische Republik, die, weil sie keine föderale Gliederung kannte, eine Neuerung war. Die französische Republik war keine «zusammengesetzte» Republik von kleinen, teilautonomen Republiken, wie es Montesquieu, aber auch Rousseau noch forderten und wie es in Nordamerika eingerichtet worden war. Republik und Demokratie waren nun Synonyme, die Demokratie war als großflächige etabliert und mit einer starken demokratischen Zentralgewalt ausgestattet worden. Nun war nicht mehr von einer repräsentativen, gewaltenteiligen, von Grund- und Menschenrechten beschränkten Demokratie die Rede, Rousseaus radikale Demokratie schien sich doch aus dem republikanisch kleinräumigen Kontext ablösen zu lassen: «Les Français sont le premier peuple du monde qui ait établi la véritable démocratie», erklärte nun Robespierre. Und gleichzeitig versuchte Robespierre, ganz im Gegensatz zu den amerikanischen Federalists, der neuen, «wahren» Demokratie ein soziomoralisches Fundament zu geben, das all jene Umwälzungen in Gesellschaft, Ökonomie und Kultur ignorierte, von denen die Federalists glaubten, sie seien nur um den Preis der Freiheit rückgängig zu machen. Das demokratische Gemeinwohl, so die Auffassung der Jakobiner, vertrug sich nicht mit partikularen Willen und pluralen Interessen. Die homogene Gemeinschaft der Bürger musste zur sozialen Grundlage der großflächigen, zentralstaatlichen Demokratie gemacht werden, sonst ließ sich die neue Ordnung nicht auf Dauer sichern. Es war Rousseau, bei dem Robespierre jetzt die entscheidenden Anleihen machte, als er 1794 vor dem Nationalkonvent die neue «Staatsbürgerreligion», die *religion civile* als einen Katalog demokratischer Tugenden definierte und damit dem Terror der Jakobiner eine Legitimationsbasis schuf: «Nous voulons substituer, dans notre pays, la morale à l'égoïsme, la probité à l'honneur, les principes aux usages, les devoirs aux bienséances, l'empire de la raison à la tyrannie de la mode, le mépris du vice au mépris du malheur, la fierté à l'isolence, la grandeur d'âme à la vanité, l'amour de la gloire à l'amour de l'argent, les bonnes gens à la bonne compagnie, le mérite à l'intrigue, le génie au bel esprit, la vérité à l'éclat, le charme du bonheur aux ennuis de la volupté, la grandeur de l'homme à la petitesse des grands, un peuple magnanime, puissant, heureux, à un peuple aimable, frivole et misérable, c'est-à-dire, toutes les vertus et tous les miracles de la République, à tous les vices et à tous les ridicules de la monarchie.»

Der Tugendterror der Jakobiner war für viele in Deutschland, aber nicht nur dort, Veranlassung, sich vom radikalen demokratischen Republikanismus à la française zu distanzieren: «Dass sich aber die besten Meinungen, dass sich Republikanismus, dass sich selbst die Tugend nicht durch Kerker und Tod erzwingen lassen, das wurde auch diesmal durch die angewandten

Grausamkeiten bewiesen», hielt ein Festredner in Mainz, das anfangs große Sympathien für die französische Republik besessen hatte, im Jahre 1799 fest. Der Jakobinismus führte zu einer großen Desillusionierung über die Möglichkeiten einer radikaldemokratischen und zentralstaatlichen Republik. Die Versuche von rheinischen Republikanern, entweder die Eingliederung in die französische Republik, wie in Mainz, oder «cisrhenanische» Separatrepubliken, wie etwa in Bonn, zu errichten, kamen schnell zu einem Ende. «Ich glaube», so Joseph Görres 1798, «dass das Jahrhundert für die Einführung der demokratischen Form noch nicht erschienen ist, und auch so bald nicht erscheinen wird.» Görres und mit ihm viele Reformer plädierten stattdessen für eine Republik der repräsentativen Demokratie, in der Freiheitsliebe und Aufklärung der Bürger Hand in Hand gingen. Damit war in Deutschland ein Weg vorgezeichnet, der Republikanismus nicht als eine Form anti-monarchischer Regierung, sondern als reformerische, gesetzmäßige Art der Führung der Regierungsgeschäfte verstand. Kant hatte diese Unterscheidung getroffen und damit eine entschärfte Version des radikalen demokratischen Republikanismus formuliert, die die alten Unterscheidungen von gesetzmäßiger Regierung – als «wahrhaft republikanisch» – und Despotie wieder aufnahm. In seinen Augen hatte sich der radikale Republikanismus Frankreichs als ein «Despotism» demokratischer Couleur herausgestellt. Für Kant aber musste sich eine Republik als gewaltenteilig-repräsentative Verfassung definieren. Mehr noch, die Republik war eine «Vereinigung von Menschen unter Rechtsgesetzen», deren Zweck es war, «die Vereinigung der Willkür des einen mit der Willkür des anderen nach einem allgemeinen Gesetze der Freiheit» sicherzustellen. Die Frage, die sich hier stellte, war natürlich die nach dem Träger der Gesetzgebung. Für Rousseau, die amerikanischen wie französischen Revolutionäre lag die Gesetzgebung beim Volke, sie wurde entweder direkt oder durch repräsentative Organe ausgeübt. Kant folgte diesem demokratischen Begründungsansatz zunächst, um ihn dann doch stark einzuschränken. «Was ein Volk über sich selbst nicht beschließen kann, das kann der Gesetzgeber auch nicht über das Volk beschließen» – so definierte Kant die Aufgaben, aber auch die Grenzen des Gesetzgebers. Vor allem markiert er eine Differenz zwischen Volk und Gesetzgeber, beide sind nicht, zumindest nicht zwangsläufig, identisch. Die Pointe ist, dass der Gesetzgeber nicht das Volk, auch noch nicht einmal eine repräsentative Versammlung sein muss. Der Gesetzgeber, so hält Kant fest, muss seine Gesetze nur so geben, «als ob sie aus dem vereinigten Willen eines ganzen Volkes haben entspringen können». Das «Als ob» aber ermöglicht Kant auch, das Geschäft der Gesetzgebung in die Hände des aufgeklärten Monarchen – Kant denkt an Friedrich den Großen – zu legen. Entscheidend ist, dass dieser, reifer, einsichtiger, aufgeklärter als das Volk, den «vereinigten Willen des Volkes» als fiktionales Regulativ der Gesetzgebung berücksichtigen soll. Damit erweist sich Kants Republikanismus in letzter Konsequenz als ein um seine demokratischen Implikationen verkürzter, domestizierter Republikanismus. Die Demokratie stand zunächst – bis zur Revolution von 1848/49 – nicht auf der Tagesordnung. Der deutsche Weg sollte es sein, mit den Mitteln der Reformen, vereinbart zwischen Monarch und aufgeklärtem Bürgertum, ein konstitutionelles System der Freiheit, auch von politischer Meinungs-, Presse- und Versammlungsfreiheit, sowie den Rechtsstaat als Garanten gesetzmäßiger Regierung zu etablieren, dabei aber die demokratische Revolution zu vermeiden oder aber, im besten Falle, überflüssig werden zu lassen.

VI. Die Entwicklung der modernen Demokratie

Die moderne Demokratie hat sich keineswegs auf direktem Wege durchsetzen können. Die alten, monarchischen Regime vermochten lange Zeit die Entfaltung einer demokratischen Ordnung zu behindern, wieder rückgängig zu machen oder erheblich zu verzögern. Die altständisch-feudalen, konservativen Kräfte bestimmten zunächst die Verhältnisse nach den napoleonischen Kriegen. Die Epoche der Restauration, vom Wiener Kongress eingeleitet, hatte die Aspirationen der demokratischen und liberalen Bewegung zunächst erstickt. Erst mit der Julirevolution in Frankreich konnten dann die Freiheitsforderungen des Bürgertums wieder an Gewicht gewinnen. Im Deutschland des Vormärz wurden vor allem in den südwestdeutschen Ländern Forderungen nicht nur nach der Garantie von Bürger- und Freiheitsrechten, wie beispielsweise auf dem Hambacher Fest von 1832, erhoben, sondern machte sich auch die Forderung nach politischer Teilhabe, nach Parlamentarisierung und, zum Teil wenigstens, nach republikanisch-demokratischen Reformen breit. Indes war die Verfassungs- und Nationalbewegung in Deutschland, die Konstitutionen und die deutsche Einheit forderte, nur in Teilen eine demokratische Bewegung. Die norddeutschen Liberalen waren weniger radikal, sie suchten, auf der Basis der bestehenden Machtverhältnisse, mit den Fürstenhäusern eine neue Ordnung zu vereinbaren. An der traditionellen Fürstensouveränität sollte kaum gerüttelt, jedoch eine breitere Mitwirkung in den ständischen Repräsentativkörperschaften erwirkt werden. Es war dann auch diese Differenz von liberalen Reformern auf der einen Seite, die auf die Konstitutionalisierung der alten Souveränitäten abzielten, und von demokratisch-republikanischen Revolutionären auf der anderen Seite, die die 1848er Bewegung, die in die Frankfurter Nationalversammlung einmündete, schwächen sollte. Das anfängliche politische Momentum, das die Paulskirchenversammlung erstmalig in Deutschland die Souveränität des Volkes beanspruchen ließ, konnte nicht über diese Unterschiede, die sich hinsichtlich der Ausgestaltung der neuen Ordnung ergeben hatten, hinwegtäuschen. Den entscheidenden Unterschied und auch den bürgerlichen *soupçon* gegenüber dem Demos hat Friedrich Julius Stahl unvergleichlich präzise auf den Begriff gebracht. Die liberale Partei war die Partei der Gemäßigten, die demokratische Partei die Partei der Extremen; die liberale Partei war die Partei des Mittelstandes, die demokratische Partei die Partei der Volksmasse: «Das Ideal der liberalen Partei ist demnach Recht und Freiheit des Menschen in seiner Vereinzelung, ungestörter Genuss der leiblichen und geistigen Existenz des Menschen in seiner Vereinzelung. Das Ideal der demokratischen Partei ist die Apotheose der menschlichen Gattung, daher absolute Volksgewalt, absolute Volksverherrlichung, absolute Volksgleichheit.» Für Stahl setzte die liberale Partei dem Volkswillen eine Schranke an den Rechten des Individuums, die demokratische Partei indes forderte die Unbegrenztheit der Volksgewalt, und Freiheit sei kein Hindernis gegenüber den Zwecken des Volkes. Für Stahl bestand kein Zweifel, die «demokratische Partei stand hier bereits an der Grenze des Kommunismus». Maßgeblich aber scheiterte die Nationalversammlung dann an den faktischen Machtverhältnissen, die immer noch von den etablierten Fürstenhäusern der Einzelstaaten bestimmt wurden. Als König Friedrich Wilhelm IV. von Preußen die Kaiserkrone ablehnte und die Reichsverfassung nicht in Kraft treten konnte, war der Versuch, auch in Deutschland eine Verfassung auf demokratischem und revolutionärem Wege einzuführen, gescheitert. In der Folge wurden zwar in allen Einzelstaaten Verfassungen erlassen, es blieb aber das monarchische Prinzip bestehen, keine Verfassung bekannte sich zur Volkssouveränität, und auch die Parlamentarisierung der Regierung machte keine Fortschritte.

Das änderte sich auch nicht mit der Gründung des deutschen Reiches durch Bismarck. Die Verfassung von 1871 beruhte auf dem monarchischen Prinzip. Träger der Staatsgewalt war nicht das Volk, sondern die Gesamtheit der Fürsten und Stände, die an der Gründung des deutschen Reiches, einem föderalistischen System, beteiligt waren. Die Souveränität lag beim Bundesrat, der Vertretung der Mitgliedsstaaten. Ihm saß der vom Kaiser ernannte Reichskanzler, bis 1890 Bismarck, vor. Der deutsche Kaiser, in Personalunion an das preußische Herrscherhaus gebunden, war als Staatsoberhaupt Präsident des Bundes. Der Reichstag wurde zwar nach allgemeinem und gleichem Wahlrecht gewählt – anders als in Preußen, wo es bis 1918 ein Drei-Klassen-Wahlrecht gab –, doch konnte das Parlament keinen Einfluss auf die Regierungsbildung nehmen. Der Reichskanzler wurde vom deutschen Kaiser ernannt. Damit hatte die Verfassung von 1871 auf die Konstituierung einer dem Volk und dem Parlament verantwortlichen Regierung verzichtet. Wenn mit ihr dennoch Prinzipien des Rechtsstaates und damit die Forderungen nach der Absicherung bürgerlich-liberaler Freiheit erfüllt worden waren, so hatte sich hier ein spezifisch deutscher Konstitutionalismus ausgebildet, der nicht auf die Demokratisierung und Parlamentarisierung des Reiches abzielte. Damit war ein entscheidender Unterschied zum englischen und amerikanischen Weg vorgezeichnet. Der Zusammenhang zwischen individueller und politischer Freiheit, der für England konstitutiv war, wurde in Deutschland genauso aufgelöst wie der Zusammenhang von Liberalismus und Demokratie, der für Nordamerika kennzeichnend war. In Deutschland gab es einen Rechtsstaat, aber keine Demokratie. Der deutsche Untertan genoss die bürgerlichen Freiheiten und Rechte, an der Ausübung der Staatsgewalt nahm der Bürger aber nicht teil.

Die deutsche demokratische Entwicklung wies also eine Paradoxie auf. In Deutschland war 1869 im Norddeutschen Bund, dann 1871 mit der Gründung des deutschen Reiches das allgemeine und gleiche Wahlrecht für Männer, für europäische Verhältnisse relativ früh, eingeführt worden. Formal gesehen hatte damit die Demokratisierung in Deutschland früher als beispielsweise in England eingesetzt, wo das allgemeine Wahlrecht erst 1918 durchgesetzt wurde. Aber in Deutschland blieb die Demokratisierung folgenlos, weil sie nicht von der Parlamentarisierung, der parlamentarischen Verantwortlichkeit der Regierung begleitet war. In England hatte sich das Parlament längst einen größeren Einfluss auf die Gestaltung der nationalen Politik erkämpft, wenngleich die Repräsentation in ihm selektiv und nicht allgemein war. In England erfolgte die Demokratisierung des Wahlrechts in mehreren Schüben. Das Wahlrecht wurde zunehmend erweitert, 1832 mit einer Stärkung des städtisch-bürgerlichen Elements, 1867 mit einer Verdoppelung der Anzahl der Wahlberechtigten, mit der Einführung des geheimen Wahlrechts im Jahre 1872 und der Wahlrechtsreform von 1884, in der auch den Landarbeitern das Wahlrecht gegeben wurde, und schließlich mit dem *Representation of the People Act* von 1918.

Die englische Entwicklung zeigt, dass der Zeitpunkt, ab dem regelmäßige Volkswahlen abgehalten wurden, keineswegs mit dem Zeitpunkt der Einführung des allgemeinen Wahlrechts verwechselt werden darf. Die volle Demokratisierung des Wahlrechts erfolgte in der Regel erst später. Dies gilt auch für die USA, wo erst 1848 das allgemeine Wahlrecht für Männer auf nationaler Ebene eingeführt wurde (wobei auf einzelstaatlicher Ebene teilweise schon früher die Wahlberechtigung für alle weißen Männer bestanden hatte). Insgesamt kann festgehalten werden, dass das allgemeine Männerwahlrecht in den USA, in Frankreich (1848), der Schweiz (1848/79), in Griechenland, in Neuseeland und eben in Deutschland relativ früh eingeführt worden war. Bis zum Ersten Weltkrieg sollten Australien, Finnland und Österreich und während des Krieges beziehungsweise kurz nach seinem Ende alle anderen westlichen Industriestaaten nachfolgen. Sehr viel länger indes dauerte es, bis auch die weibliche Bevölkerung das aktive und passive Wahlrecht erhielt. Das Frauenwahlrecht wurde zuerst in Neuseeland (1893) eingeführt. Zu Beginn des 20. Jahrhunderts folgten Australien, Finnland und Norwegen und nach dem Ersten Weltkrieg Dänemark, Deutschland, Irland, Luxemburg, die Niederlande, Österreich, Schweden und die USA. Erst nach dem Zweiten Weltkrieg wurde das allgemeine Wahlrecht für Frauen in Belgien, Frankreich, Griechenland, Italien, Japan, Portugal und – erst 1971 – in der Schweiz eingeführt.

In Deutschland ließ, trotz früher Demokratisierung des Wahlrechts, die Parlamentarisierung und damit auch die demokratische Teilhabe an der Regierung bis in die Weimarer Republik auf sich warten. Alle Bemühungen der sozialen und liberalen Reformkräfte, am Ende des Kaiserreiches eine Parlamentarisierung und Demokratisierung zu erreichen, wie sie auch beispielsweise von Max Weber so vehement gefordert wurden, blieben zunächst ohne Nachhall. Erst nach dem kurzen revolutionären Zwischenspiel im November 1918, das eine Rätedemokratie für Deutschland in Aussicht gestellt hatte, war mit den Wahlen zur Nationalversammlung im Januar 1919 die Vorentscheidung für die Demokratie gefallen. Am 6. Februar 1919 trat die Nationalversammlung in Weimar zusammen. Sie war aufgrund eines allgemeinen, gleichen, geheimen und unmittelbaren Wahlrechts aller mindestens zwanzigjährigen Männer und – erstmals – Frauen gewählt worden. Am 14. August 1919 trat dann die Weimarer Verfassung in Kraft.

Mit ihr war nun auch in Deutschland das monarchische durch das demokratische Prinzip ersetzt worden. Der demokratische Verfassungsgeber von Weimar konstituierte das Prinzip der Volkssouveränität und legitimierte die neue politische Ordnung. Als verfasste Gewalt war das Volk nicht allein auf die Reichstagswahlen beschränkt, es konnte sich auch in Volksbegehren und Volksentscheid zu Gehör bringen. Damit war ein gemischtes System repräsentativer und auch plebiszitärer Demokratie etabliert worden. Gleichzeitig wurde auch der Reichspräsident vom Volk direkt gewählt, was indes angesichts der ausgeprägten Kompetenz des Reichspräsidenten problematisch zu werden drohte. Dass die Weimarer Reichsverfassung auch einen sehr ausführlichen Grundrechtskatalog kannte, in dem neben den klassisch liberalen auch soziale Grundrechte enthalten waren, zeigte, dass in Deutschland nun auch eine liberale, auf dem Verfassungsgedanken beruhende Form moderner Demokratie begründet worden war. Sie war im Wesentlichen von liberalen und sozialdemokratischen Parteien, die mit dem Zentrum die «Weimarer Koalition» bildeten, gestaltet worden.

Die Demokratie von Weimar war nicht von vornherein zum Scheitern verurteilt. Und doch vollzog sich, nach einer Phase der Stabilisierung in den 1920er Jahren, ein beispielloser Prozess der «Auflösung der Weimarer Republik» (K. D. Bracher), der ein bezeichnendes Licht auf die Labilität demokratischer Ordnung im Allgemeinen und die deutschen Voraussetzungen und Bedingungen demokratischer Ordnung im Besonderen warf. Das Verfassungssystem von Weimar hatte eine demokratische Ordnung begründet, die unter normalen Umständen Funktionalität und Stabilität verbürgt hätte. Entscheidend aber war, dass die Weimarer Republik von Anfang an eine ungeliebte Republik war. Für viele war das Weimarer System mit dem Makel von Versailles behaftet. Die Demokratie besaß, als Kind der Niederlage im Ersten Weltkrieg, keinen ausreichenden Rückhalt in der Bevölkerung und bei den politischen und administrativen Eliten. Sie war eine Demokratie ohne Demokraten. Intellektuelle wie publizistische Meinungsführer waren bestenfalls Vernunftrepublikaner. Militär, Richterschaft und Beamte stammten aus einer monarchisch-obrigkeitsstaatlichen Tradition und taten sich mit der Republik schwer, vor allem mit dem eine Demokratie notwendig auszeichnenden Pluralismus und Konflikt unterschiedlicher Positionen und Parteien. Weil es der Weimarer Demokratie an beherzten Demokraten mangelte, war sie auch nicht in der Lage, sich gegen ihre rechten und linken Feinde wirksam zu schützen. Die nach der Ermordung Erzbergers und Rathenaus beschlossenen Schutzgesetze, in sich schon umstritten, blieben ohne Wirkung. So artikulierte sich sehr bald das Verlangen nach der Wiederherstellung des monarchischen Status quo ante, nach einer vermeintlich über den Parteien und den weltanschaulichen und politischen Auseinandersetzungen stehenden nationalen Integrationsfigur. Da es einen Monarchen aber nicht mehr gab, wuchs der Reichspräsident immer stärker in diese Rolle hinein.

Unter diesen Vorzeichen erwiesen sich die ausgeprägten Kompetenzen des Reichspräsidenten bei der Regierungsbildung, der Parlamentsauflösung und der Notverordnungsgebung als kontraproduktiv für die Stabilisierung der demokratischen Ordnung. So hatten das Notverordnungsrecht des Präsidenten und seine Direktwahl durch das Volk eine Dualstruktur des Regierungssystems ausgebildet, in der neben der parlamentarischen Konstituierung der Reichsregierung der Reichspräsident auch selbst die Gesetzgebung ausüben konnte. Hier hatte die Weimarer Reichsverfassung eine präsidialdiktatorische Reserveverfassung für Krisen bereitgehalten. Diese Präsidiallösung wirkte antiparlamentarisch und antiparteienstaatlich. Die großen parlamentarischen Parteien waren in der Krise zur Regierungsbildung nicht mehr notwendig, obwohl es jetzt auf sie in besonderem Maße angekommen wäre. Der angeblich neutrale Präsident, von vielen als der Hüter der Verfassung bezeichnet, konnte betont gegen die Parteien und das Parlament regieren lassen, wie die Krise von 1930 und die Ernennung Brünings zum Reichskanzler zeigte. Die präsidiale Notverordnungspolitik wurde ab 1930 zur Norm, die Krise wurde stabilisiert, eine demokratische Lösung aber verdrängt.

Die Ausdehnung präsidialer Macht schuf in Verbindung mit der fortschreitenden Schwächung des Parlaments und des Parteiensystems ein Machtvakuum, in dem einzelne Personen (nach Brüning Papen und Schleicher) und Gruppen ein disproportionales und schließlich verfassungsdurchbrechendes Gewicht erlangen konnten. So stand den Nationalsozialisten das Instrumentarium der präsidialen Diktaturgewalt zur Verfügung, das Hitler über Reichstagsauflösung, Ermächtigungsgesetz und Notverordnungen den Weg zur diktatorischen Alleinherrschaft bahnte. Damit war den scheindemokratischen Legalisierungsbedürfnissen des neuen Machthabers Rechnung getragen. Der Selbstpreisgabe der Demokratie lag nun kein Hindernis mehr im Weg. Ganz überwiegend war auch die Staatsrechtslehre der Auffassung, dass sich die Demokratie durch Gesetz selbst abschaffen konnte. Die Widerstandskräfte der Demokraten und oppositionellen Parteien, die bis zum März 1933 noch in der Mehrheit waren, erlahmten.

Die Weimarer Reichsverfassung besaß nicht die ausgeprägten Schutzmechanismen der Sicherung einer demokratischen Ordnung, wie es dann später in der Bundesrepublik Deutschland als «Lehre aus Weimar» der Fall sein sollte. Der Weimarer Reichsverfassung war indes die Machtergreifung Hitlers nicht anzulasten. Hitler konnte zwar von einer Anscheinslegalität profitieren, die ihm die Verfassung zur Verfügung gestellt hatte. Denn der Reichstag hatte seine Zustimmung zum Ermächtigungsgesetz vom 23. März 1933 gegeben. Doch zuvor schon waren die Länder gleichgeschaltet und die Kommunisten verhaftet worden. Außerdem dürfen die inneren Bedingungen und Umstände sowie die politischen, ökonomischen und sozialen Faktoren nicht übersehen werden, die zur nationalsozialistischen Machtergreifung führten. Wirtschaftskrise, Massenarbeitslosigkeit, die Anfälligkeit einer halbparlamentarischen, halbpräsidialen Demokratie, ein obrigkeitsstaatliches Beamtentum sowie der Ansturm extremistisch-totalitärer politischer Kräfte führten letztendlich zur nationalsozialistischen Diktatur.

Deutschlands erste Demokratie war nicht nur an externen Faktoren, an ihren Rand- und Ausgangsbedingungen, der Niederlage im Ersten Weltkrieg, dem Versailler Vertrag, den Reparationszahlungen, der Weltwirtschaftskrise, gescheitert. Die Demokratie selbst hatte sich auch in ihrer Struktur so transformiert, dass nur die breite Anerkennung ihrer veränderten Funktionsbedingungen Stabilität auf Dauer hätte erwarten lassen. Das aber war in Deutschland nicht der Fall gewesen. Was in den westlichen, älteren Demokratien bereits zum Alltag gehörte, wurde in Deutschland lange noch als politische Verirrung, als der falsche, «undeutsche» Weg bekämpft. Die Demokratie hatte sich zu einer Massen- und Parteiendemokratie verändert, die die politische und parlamentarische Auseinandersetzung zu einem, indes durch konstitutionelle Spielregeln domestizierten, Kampf unterschiedlicher politischer Interessen und auch sozialer Klassen werden ließ. Die Einführung des allgemeinen Wahlrechts hatte somit das Gesicht der Demokratie entscheidend verändert. Der Volkswille war keineswegs mehr homogen, wie manche Denker und Kritiker der Weimarer Republik, an ihrer Spitze der Staatsrechtler Carl Schmitt, unter Berufung auf Rousseaus *volonté générale* glaubten immer noch geltend machen zu können. In den USA war schon in den 1830er Jahren, in der sogenannten *Jacksonian Democracy*, die Demokratie zu einer Parteiendemokratie geworden. Zwei Parteien, die Demokraten und die Republikaner, standen sich danach gegenüber, vertraten unterschiedliche politische und geographische Interessen und konkurrierten um die Macht auf nationaler Ebene. Die repräsentative Demokratie war auch zu einer Konkurrenzdemokratie geworden, in der die Machtfrage mit der Erringung der Mehrheit bei Wahlen entschieden wurde – und die unterlegene Minderheit ihre Hoffnung auf den Sieg bei der nächsten Wahl setzen musste. Parteien, das war deutlich geworden, organisierten in der Massendemokratie den politischen Willensbildungs- und Entscheidungsprozess zu einem ganz erheblichen Teil, wenngleich sie ihn nicht monopolisierten. Auch in England hatten sich früh zwei Lager, die reformfreudigen, liberalen Whigs, dann die Liberal Party und die konservativen Tories herausgebildet, die um die Macht im *House of Commons* konkurrierten. Später, nach 1918, sollten sich dann vor allem die

Arbeiterpartei, die Labour Party, und die Konservativen gegenüberstehen. In Deutschland bildeten sich nach der gescheiterten Revolution von 1848/49 auch – zuerst und als Mehrheitspartei: liberale – Parteien heraus, aber sie konnten eben, wegen fehlender Parlamentarisierung, nicht um die Macht im Staate konkurrieren. Der Gewöhnungseffekt an diese – parlamentarische – Form konfliktiver Politikgestaltung blieb aus, König und Reichskanzler, später der Reichspräsident, verkörperten die staatliche Einheit, in der Parteien nur störten. Bezeichnend war die abfällige Äußerung von Kaiser Wilhelm II. am Vorabend des Ersten Weltkrieges, er kenne nur noch Deutsche, keine Parteien mehr. Der Anti-Parteienaffekt überdauerte die Weimarer Republik und wurde durch die explizite Vorrangstellung der Parteien – als Mitwirkende bei der politischen Willensbildung des Volkes – im Grundgesetz der Bundesrepublik Deutschland von 1949 zu überwinden versucht (was indes geradewegs in das problematische Gegenteil, den Parteienstaat, führen sollte).

Die Transformation der Demokratie in die Parteiendemokratie bedeutete zudem aber auch die Politisierung der sozialen Frage. Parteien bilden generell soziale Konfliktlagen auf der Ebene des politischen Systems ab. Liberale Parteien waren in der Regel laizistische, auf der Trennung von Staat und Religion bestehende, die Forderungen von Freiheit und Gewaltenteilung vertretende Parteien. Konservative Parteien hingegen hatten zunächst, so unmittelbar nach der Französischen Revolution, eher die politischen Positionen der alten sozialen, feudalistisch-monarchistischen Mächte, später einen die Demokratisierung bremsenden, den Status quo verteidigenden Kurs vertreten. Am Ende des 19. Jahrhunderts, als die technologische und ökonomische Entwicklung die Industriegesellschaft in soziale Klassen zu spalten drohte, organisierten sich dann Arbeiter in Gewerkschaften und politischen Parteien der Sozialisten und Sozialdemokraten, scharten sich die in Klein- und Großbürgertum zerfallenden mittleren Schichten um rechtsliberale und konservative Parteien. Der Kampf sozialer und ökonomischer Klassen und Gruppen wurde von der Straße in die Institutionen der parlamentarischen Demokratie getragen. Er konnte dort kanalisiert, entschärft und zum Ausgleich gebracht werden – vorausgesetzt, die Arbeiterbewegung und ihre politischen Organisationen ließen sich darauf ein und wählten den evolutionären Weg der Veränderung innerhalb des parlamentarischen Systems. Das fiel dort leichter, wo, wie in England und in den USA, die Aussicht auf politische Repräsentanz und Machterringung bestand. Wo es kein parlamentarisches Regierungssystem gab, wie in Deutschland bis 1918, und wo die Partei der Sozialisten lange Zeit verboten war, wie in Bismarcks Reich, entlud sich ein Grundsatzkonflikt zwischen dem außerparlamentarischen Weg der proletarischen Revolution, wie ihn die Sozialdemokratie unter Kautsky, aber auch Rosa Luxemburg und Karl Liebknecht verfocht, und jenem sozialdemokratischen Revisionismus, wie ihn Eduard Bernstein, der den Erfolg der englischen Reformer um die Webbs aufmerksam studiert hatte, für die deutsche Sozialdemokratie einforderte. Mit der Oktoberrevolution in Russland hatte Lenin – und zunächst auch Trotzki – zudem einem sozialistischen Gegenmodell zur parlamentarischen Demokratie zum Sieg verholfen, das einen anderen, nicht-parlamentarischen Weg zu einer sozialistisch-kommunistischen Gesellschaft wies. Schnell wurde hier, am Beginn des 20. Jahrhunderts, also deutlich, dass Parlamentarismus und Demokratie in dieser Auseinandersetzung ihren sozialen Härtetest noch keineswegs bestanden hatten – wie sich dann in der Weimarer Republik herausstellen sollte. Hinzu kam, dass die Demokratie als politische Ordnungsform nicht nur von links, sondern auch aus dem rechten politischen Lager infrage gestellt wurde – wenn sie denn zuvor überhaupt akzeptiert worden war – und deshalb zwischen den politischen Extremen zerrieben zu werden drohte. Die Weimarer Republik war hier wiederum nur der offensichtlichste Fall, Italien war mit Mussolini vorangegangen, und Intellektuelle hatten hier wie dort, links wie rechts, durch ihre Kritik an der Demokratie den Weg in die totalitären Diktaturen, in Faschismus, Nationalsozialismus und Kommunismus bereitet.

Für Karl Marx selber war die Demokratie entweder Ausdruck der Klassenherrschaft der Bourgeoisie oder aber ein Mittel zur Überwindung des kapitalistischen Systems und insofern von taktischem Nutzen für die revolutionäre Arbeiterbewegung gewesen. Damit hatte Marx seinen eigenen, früheren Standpunkt, den er in der *Kritik des Hegelschen Staatsrechts* noch eingenommen hatte, hinter sich gelassen. Demokratie war für ihn nicht mehr der «wahre Staat». Schon im *Kommunistischen Manifest* von 1848 wurde Demokratie als proletarische Demokratie verstanden, die Demokratie konnte der «Erhebung des Proletariats zur herrschenden Klasse» dienlich sein. Die Demokratie ist «proletarisches Prinzip», so formulierte später Friedrich Engels kurz und bündig. In Marx' Analyse der Pariser Kommune von 1871 wird diese als Klassenherrschaft des Proletariates, von Engels später als «Diktatur des Proletariats» aufgefasst. Für die Demokratiedebatte besaß Marx' Beschreibung der Herrschaftsform der Pariser Kommune deshalb besondere und nachwirkende Attraktivität, weil Marx hier ein demokratisches Rätesystem etabliert sah. Die Pariser Kommune wurde als direktdemokratische, basisverwurzelte Herrschaft der Pariser Arbeiter und als System radikaler Eingriffe in die politische, gesellschaftliche und wirtschaftliche Ordnung aufgefasst. Die Kommune war ein System von gewählten Stadträten, die zugleich gesetzgebend und exekutivisch-vollziehend tätig waren. Damit schien das Athener polisdemokratische System auf proletarischer Grundlage noch einmal revitalisiert werden zu können. Die historische Bedeutung des Rätesystems lag für Marx in der Überwindung der bürgerlich-kapitalistischen Gesellschaft, weil mit ihm «die Enteignung der Enteigner» möglich erschien. Die Pariser Kommune als Rätesystem wurde zur Keimform zukünftiger sozialistischer Ordnung. Die rätedemokratisch legitimierte Fusion von Exekutiv- und Legislativgewalt war «zugleich das Einfallstor für die Verselbständigung der Legislative und der Exekutive – bis zum Extremfall des terroristischen Einsatzes der Regierungsmacht gegen Oppositionelle» (Manfred G. Schmidt). Hier reichen Verbindungslinien von der politischen Theorie der sozialistischen Klassiker des 19. Jahrhunderts zur Theorie und Praxis marxistisch-leninistischer Partei- und Staatspolitik, wie Lenins *Staat und Revolution,* und zur Theorie und Praxis der dann so genannten «Volksdemokratie» der sozialistischen Staaten in Mittel- und Osteuropa, die schließlich von den Revolutionen der Jahre 1989 und 1990 überwunden werden sollten. Rousseau war hier noch einmal in den Dienst einer (real)sozialistischen Demokratie gestellt worden, die identitäre Volksdemokratie aber war, so totalitär in ihrem Anspruch und diktatorisch in ihrem Vollzug sie auch war, auf Dauer vor allem deshalb nicht existenzfähig, weil sie den konstitutiven Zusammenhang von Freiheit und Demokratie verkannte, der ja nicht nur für Rousseau die *raison d'être* der Republik ausgemacht, sondern von Anfang an, schon bei den Griechen, die politische Ordnungsform der Demokratie geprägt und legitimiert hatte.

Die Vorbehalte gegenüber der Demokratie als freiheitlicher Ordnungsform hatten, soweit sie von konservativer und reaktionärer Seite vorgetragen wurden, eine lange Tradition, sie gingen zum Teil bis auf die Französische Revolution zurück. In den Augen autoritärer und monarchistisch gesonnener Kritiker war die Demokratie schwach, ineffektiv, in sich gespalten, staatszersetzend und antinationalistisch. Wo sich diese konservativ-reaktionären Kräfte mit der Staatsmacht verbündeten, wie es lange Zeit auf der iberischen Halbinsel, aber auch in Lateinamerika, der Fall war, traten Militärdiktaturen an die Stelle demokratischer Systeme. An der Wende vom 19. ins 20. Jahrhundert bestritten zudem Intellektuelle und Soziologen, wie Gustave Le Bon, Gaetano Mosca oder der Ökonom Vilfredo Pareto, die Funktionsfähigkeit von demokratischen Institutionen, weil sie glaubten, dass die Massen in der Demokratie irrational handelten und weder die Parlamente noch andere Institutionen der Demokratie, wie zum Beispiel die Parteien, in der Lage seien, die Gesellschaft vernünftig zu regieren. Alle stellten fest, dass nur kleine Eliten die Herrschaft ausübten. Von der deskriptiven Analyse bis zur normativen Präskription war da nur ein kleiner Schritt. Nicht die Demokratie, ein ideologischer Mythos oder eine politische Verirrung, sondern die Herrschaft von Eliten stabilisierte eine politisch funktionsfähige Ordnung in der Massengesellschaft. Nicht das rationale Prinzip der parlamentarischen Deliberation und Dezision, getragen von nüchtern abwägenden, politisch erfahrenen Männern, sondern, wie George Sorel glaubte zu erkennen, die pure Gewalt, wie sie sich in den Klassenauseinandersetzungen auf der Straße zum Ausdruck brachte, werde die politische Zukunft prägen. In Wahlkämpfen unterliefen Demagogen, die Ressentiments populistischer und antisemitischer Couleur mobilisierten und mit nationalistischen Kampagnen die Massen hinter sich vereinigen konnten, die demokratischen Spielregeln parlamentarischer Regierung. Hitler hatte Karl Luegers Wiener Wahlkampagnen sehr genau beobachtet, als dieser Handwerker, Geschäftsleute und Angestellte in populistischer, antisemitischer Rhetorik hinter sich vereinte und gegen das etablierte System zu mobilisieren wusste.

Der Nationalsozialismus verstand es dann, nach dem Ersten Weltkrieg, sowohl intellektuelle Kritiker wie Massenbewegungen hinter sich zu scharen. «Konservative Revolutionäre», zu denen Oswald Spengler, Hans Freyer, Artur Moeller van den Bruck, Ernst Jünger, Carl Schmitt und viele andere gerechnet werden konnten, verdichteten die Kriegserfahrungen zu einem Bild von Heroismus und *élan vital* und ließen ihren antidemokratischen, antiparlamentarischen und antiliberalen Affekten freien Lauf. Als Lebensweise wie als Herrschaftsform wurde die Demokratie als schwächlich, der Parlamentarismus als «Quasselbude», der Liberalismus als dekadent denunziert. Es fiel den konservativen Revolutionären, den völkischen Bewegungen ebenso wie in der Folge dem Nationalsozialismus leicht, die Demokratie für die grundlegende soziale, ökonomische und politische Krise verantwortlich zu machen. Der heimliche archimedische Punkt des politischen Denkens war dabei die Kritik und die Verachtung der Demokratie. Moeller van den Bruck hatte 1923 in seinem mehrfach wiederaufgelegten Buch *Das Dritte Reich* den Ton vorgegeben: Die Weimarer Republik entsprang genauso wie die Demokratie ganz generell der Weltanschauung des Westens, die als Rechtfertigungsphilosophie von Individualismus und Egoismus auf die Zerstörung des deutschen Staates gerichtet sei. An die Stelle der liberalen Demokratie war – nicht nur bei ihm – ein völkisch umdefinierter Demokratiebegriff getreten, der Parteien, Pluralismus und unterschiedliche Interessen in den Vorstellungen einer Schicksalsgemeinschaft zwischen Volk und Führern aufhob. Hier schien sich zu vollenden, was Oswald Spengler schon 1919 behauptet hatte: «Wir brauchen die Befreiung von den Formen der englisch-französischen Demokratie. Wir haben eine eigene.» Dem liberalen Demokratiegedanken wurde ein Staatsideal entgegengesetzt, das auf vermeintlich germanische Ursprünge zurückzuführen war: Vom Ständestaat führte der Weg über den autoritären Staat zum «totalen Staat», wobei dieser Staat der Staat des in nationaler Gemeinschaft geeinten deutschen Volkes war. Von der intellektuellen und moralischen Verächtlichmachung der liberalen Demokratie war es dann nur noch ein kurzer Weg bis zur «Führerdemokratie» Hitlers.

Nach dem Zweiten Weltkrieg konnten sich die Demokratien in Westeuropa nachhaltig stabilisieren. Dazu trug nicht zuletzt der große macht- und sicherheitspolitische Konflikt bei, der sich infolge der Teilung Europas, zwischen liberaler Demokratie im Westen und sozialistisch-kommunistischer Diktatur im Osten, eingestellt hatte. Nach 1947 konnten die von der Sowjetunion unterstützten Kommunisten vor allem in den osteuropäischen Staaten ihre Vorherrschaft, vor allem auf gewaltsamem Wege, durchsetzen, nachdem sie zuvor noch versucht hatten, mit demokratischen Wahlen und breiten antifaschistischen Koalitionen, insbesondere mit der Sozialdemokratie, ihre Herrschaft zu errichten. Nachdem dies aber nicht gelungen war, wie sich beispielsweise in Ungarn und in der Tschechoslowakei sehr schnell herausstellte, wurde der demokratisch-parlamentarische Weg zur Etablierung kommunistischer Regime verlassen. In der Folge basierten die «Volksdemokratien» auf der Vorherrschaft der kommunistisch-sozialistischen Parteien und ihrer (Zwangs-) Verbündeten.

In Westeuropa konnten neue Demokratien errichtet und stabilisiert werden, wobei sich zum einen ein Mehrparteiensystem herausbildete, das im Wesentlichen von der Christlichen Demokratie auf der einen Seite und der Sozialdemokratie auf der anderen Seite geprägt war. Rechtsradikale Parteien hatten sich durch Faschismus und Nationalsozialismus nachhaltig diskreditiert, so dass sich das Parteienspektrum um die Mitte der Gesellschaft herum zentrierte. Kommunistische Parteien gab es zwar, sie waren auch in Frankreich, Belgien und vor allem in Italien lange Zeit sehr stark, aber es gelang ihnen nicht, nicht zuletzt aufgrund des «Wettkampfs der Systeme», gestaltenden Einfluss zu nehmen. Hingegen wirkten sie insofern stabilisierend für die westeuropäischen Demokratien, als sie die Kräfte der liberalen und sozialen Demokratie stärkten. Davon profitierten zum einen die christlich-demokratischen Parteien, vor allem in Italien und in Deutschland, die für lange Zeit die Mehrheitsparteien in den Parlamenten stellten. Die Christlichen Demokraten waren eine Innovation der Nachkriegszeit. Trotz ihrer betont christlichen Traditionsbestimmung waren sie, auch über das katholische Milieu hinaus, zu Integrationsparteien geworden. Auf der anderen Seite stabilisierte sich das für die Demokratie und ihr parlamentarisches Wechselspiel so wesentliche Parteiensystem durch die Sozialdemokratie, die ihre revolutionär-sozialistische Vergangenheit abstreifte. Sozialdemokratische und sozialistische Parteien akzeptierten nun die parlamentarische Demokratie, sie begannen auch die Marktwirtschaft als prosperitätsgenerierendes Ordnungsprinzip zu entdecken. Dabei gelang es den Sozialdemokraten zum Teil, wie in der Bundesrepublik Deutschland, im Gleichschritt mit den christlich-demokratischen Parteien, das kapitalistische Wirtschaftssystem sozial, nämlich durch die Etablierung von Sozial- und Wohlfahrtsstaat, zu zähmen. Auf diese Art und Weise war es möglich, Demokratie und Kapitalismus miteinander kompatibel zu machen. Die soziale Demokratie, lange Zeit Forderung und Kampfbegriff der Arbeiterbewegung, schien nun den Kapitalismus gleichermaßen effizient und human gestalten zu können. Damit konnte zugleich, durch die Einbindung der Arbeiterklasse und die Entschärfung der sozialen Frage, die Akzeptanz für die Demokratie gestärkt werden. Hierzu trugen nicht zuletzt auch die Öffnung der Märkte und die Schaffung einheitlicher Wirtschaftsräume, wie sie die von den USA unterstützte Politik der europäischen Integration betrieb, wesentlich bei.

Parteiensystem, Marktwirtschaft, Rechtsstaat und Sozialstaat – das waren wesentliche Garanten für die Stabilität der westeuropäischen und nordamerikanischen Demokratien. Hinzu trat aber auch eine Stärkung der demokratischen Infrastruktur durch institutionelle und andere politische, kulturelle Faktoren. In der Bundesrepublik Deutschland war das demokratische Regierungssystem, aufgrund der Lehren aus Weimar, erheblich stabilisiert worden. Dazu trug nicht nur die starke Stellung des Bundeskanzlers bei, der nur durch ein konstruktives Misstrauensvotum gestürzt werden konnte. Auch die Parteien erhielten einen besonderen Rang als Mittler im Prozess der politischen Willens- und Entscheidungsbildung. Damit war in einem ansonsten sehr stark repräsentativ ausgerichteten demokratischen System eine, wie der Verfassungsrichter Gerhard Leibholz formulieren sollte, «plebiszitäre» Komponente in das Institutionengefüge des Grundgesetzes eingefügt worden. Indes wurde diese Privilegierung der Parteien im Willensbildungsprozess durch die Herausbildung eines Parteienstaates erkauft, dem zwar zunächst die Stabilisierung der jungen Demokratie zugerechnet werden konnte, der dann aber zu einer Kolonisierung des öffentlichen Raumes führte, in dem die «staatstragenden» Parteien nicht nur die Themen zu bestimmen, sondern auch den Zugang zu Ämtern in Verwaltungen, Medien und öffentlichen Einrichtungen zu kontrollieren wussten. Eine Beschränkung der Parteienherrschaft ermöglichte indes die neue institutionelle Struktur der bundesrepublikanischen Demokratie dadurch, dass sie starke Gegengewichte in der Judikative, nicht zuletzt in der Institution des Bundesverfassungsgerichtes und seiner Rechtsprechung zu den Grund- und Freiheitsrechten, sodann aber auch in einem pluralen Mediensystem, das sowohl auf öffentlich-rechtlichen Fernseh- und Rundfunkanstalten wie auch auf einem privatwirtschaftlich organisierten Medien- und Meinungsmarkt beruhte, schuf und ermöglichte. Schließlich aber entwickelten die westlichen Demokratien in der zweiten Hälfte des 20. Jahrhunderts nicht nur eine durch die ökonomischen und politischen Randbedingungen geförderte innere – institutionelle – Stabilität, sondern auch eine kulturelle und soziale Dynamik, die es ermöglichte, erhebliche gesellschaftliche Konflikte um Lebensstile, Werte und politische Richtungen zu absorbieren und vordem ausgeschlossene oder marginalisierte kulturelle und ethnische Minderheiten zu integrieren. Die Studenten- und Protestbewegung der 1960er Jahre, die Bewegungen von Frauen, ethnischen und kulturellen Minderheiten, die Friedens- und Ökologiebewegungen hatten zunächst sowohl Praktiken wie auch Institutionen des demokratischen Systems kritisiert, dann aber, weil sie nicht ohne Einfluss auf die Willensbildungs- und Entscheidungsprozesse blieben, die Möglichkeit gefunden, sich selbst als Teil des demokratischen Systems zu verstehen und sich auch mit ihm zu identifizieren. Damit war die Demokratie nicht nur zu einer allgemein akzeptierten Regierungsform, sondern auch zu einer Lebensform geworden.

VII. Voraussetzungen und Bedingungen der modernen Demokratie

Das 20. Jahrhundert hat wie kein Jahrhundert zuvor die Gefährdungen für das politische System der Demokratie so dramatisch vor Augen geführt. Kein Jahrhundert zuvor konnte aber auch einen solchen Triumph der demokratischen Staatsform aufweisen wie das 20. Jahrhundert. Der deutsche Fall verdeutlicht diese Paradoxie vom Aufstieg und Verfall demokratischer Ordnungen in besonderer Weise. Dem alten, monarchischen System der Jahrhundertwende folgte, nach der Niederlage im Ersten Weltkrieg, die Etablierung der Weimarer Demokratie, die, nach anfänglicher Anfechtung, dann eine kurze Phase der Stabilisierung durchlief, um schließlich in einem tragischen Prozess ihrer Auflösung einer totalitären Diktatur unvorstellbaren Ausmaßes Platz zu machen. Doch nach dem Zweiten Weltkrieg, ebenfalls nach einer Kapitulation, die zugleich aber Befreiung vom nationalsozialistischen Regime war, wurde in Westdeutschland eine demokratische Ordnung eingerichtet, die sich nicht nur zu behaupten wusste, sondern auch ein Maß an Stabilität und Zustimmung ihrer Bürger erlangte, das bei ihrer Gründung 1948/49 undenkbar erschien.

Das deutsche Beispiel stand am Ende des 20. Jahrhunderts nicht alleine. Bereits in den 1970er Jahren hatten Griechenland, Portugal und Spanien den Übergang von autoritären zu demokratischen Systemen erfolgreich vollziehen können. Zivile, demokratische Regime etablierten sich in Lateinamerika, zu einer Demokratisierung kam es in Südkorea und Taiwan, zum Teil in Afrika, und schließlich vollzog sich, in der letzten umfassenden Demokratisierungswelle, der Übergang zur Demokratie in den mittel- und osteuropäischen Staaten. In Ungarn, Polen, in der Tschechischen Republik, in der Slowakei, in Slowenien, in den baltischen Staaten, dann auch auf dem westlichen Balkan konnten Demokratien eingerichtet werden, die im Institutionendesign den westeuropäischen Ordnungen ähnelten. Und auch der sogenannte «Arabische Frühling» konnte Hoffnungen auf grundlegende demokratische Umgestaltung wecken. Doch hat sich das Blatt im zweiten Jahrzehnt des 21. Jahrhunderts gewendet. Demokratisierungsgewinnen, wie sie in den Staaten des Nahen Ostens und Nordafrikas zu verzeichnen waren, stehen neuere antidemokratische Tendenzen entgegen. In Ägypten haben sich autoritäre Herrschaftsformen auf wahldemokratischer Grundlage etabliert. In Libyen ist der Staat weitgehend zerfallen. Der Krieg in Syrien, die terroristischen Aktivitäten des sogenannten «Islamischen Staates» sowie die Flüchtlingskrise haben nicht nur zu einer geopolitischen Katastrophe geführt, sondern auch zu einer Herausforderung demokratischer und freiheitlicher Strukturen in den etablierten Demokratien Europas. In vielen Gesellschaften hat die Migrationsfrage Spannungen innerhalb und zwischen den demokratischen Mitgliedsländern der Europäischen Union verstärkt und (rechts-)populistische Reaktionen ausgelöst. Gleichzeitig ist es in den Ländern Mitteleuropas, so vor allem in Polen und Ungarn, zu Rückschlägen im Demokratisierungsprozess gekommen, indem zentrale Grundrechte wie die Presse- und Wissenschaftsfreiheit beschnitten, zentrale Prinzipien wie die Rechtsstaatlichkeit und die Unabhängigkeit der Justiz zum Teil außer Kraft gesetzt oder Nichtregierungsorganisationen behindert worden sind. Manche Transitionsprozesse in Osteuropa, so in den Staaten des Balkans, in Mazedonien,

Bosnien-Herzegowina und dem Kosovo, sind stecken geblieben, andere offensichtlich gescheitert. In den Nachfolgestaaten der Sowjetunion, so vor allem in Russland, lässt sich dieser Trend zur «defekten» oder auch zur, wie es der ungarische Regierungschef nannte, «illiberalen» Demokratie, auch zur Wiedererstarkung autoritärer Bestrebungen, und damit zur schleichenden Umformung der Regierungssysteme, deutlich beobachten. Das Gleiche gilt für die Türkei. Und auch dort, wo die Demokratie als Erste historisch in feste Formen einer geschriebenen Verfassung gegossen wurde, in den USA, sind durch die Wahl Donald Trumps zum Präsidenten die demokratischen Institutionen und Regeln sowie die politische Kultur einer Belastungsprobe ausgesetzt worden. Und ebenfalls ist nach wie vor nicht zu übersehen, dass in manchen Regionen der Welt die Demokratie eher die Ausnahme als die Regel ist, dass in China, im Afrika südlich der Sahara, in Südostasien, im Nahen und Mittleren Osten die Demokratie als Regierungsform kaum präsent ist und in vielen Staaten der Welt, besonders in Mittel- und Südamerika sowie im südlichen Afrika viele Amtsinhaber sich mit legalen und nicht-legalen Mitteln über die konstitutionellen und demokratischen Regeln hinwegsetzen, um ihre Macht zu erhalten. Das gilt insonderheit für Venezuela; aber auch großflächige Demokratien wie Argentinien und Brasilien sind gegen den Bazillus autoritärer bis autokratischer Versuchungen keineswegs gefeit. Was aber macht eine Demokratie stabil und krisenfest?

Die Frage nach den Voraussetzungen und Bedingungen der Einrichtung und der Stabilisierung demokratischer Ordnungen ist nicht erst im 20. und zu Beginn des 21. Jahrhunderts gestellt worden. In der Literatur des abendländischen politischen Denkens, von Aristoteles bis Montesquieu und Rousseau, sind im Wesentlichen sechs Antworten immer wieder gegeben worden. Zum einen sollte das politische Gemeinwesen nicht zu groß sein, so dass sich die Bürger kannten und austauschen konnten. Nähe in einem kleinräumigen Gemeinwesen ermöglicht Kommunikation, gemeinsames Beraten und Beschließen. Die zweite Voraussetzung, die immer wieder genannt wird, ist die der kulturellen Homogenität. Gleiche Vorstellungen über die eigene und fremde Welt, gleichgerichtete politische Interessen, keine zu starken, die Gemeinschaft belastenden Differenzen und Meinungen, Wertvorstellungen und Weltanschauungen sollten einen Hintergrundkonsens für das Alltagsgeschäft der Politik bilden. Drittens wird von Aristoteles bis Rousseau das Problem sozialer und ökonomischer Ungleichheit als ein politisches Problem der Demokratie beschrieben. Aristoteles sieht eine gute und gerechte Ordnung vor allem dadurch ausgezeichnet, dass die mittleren Schichten der Gesellschaft stark sind und einen entscheidenden Einfluss auf die Politik ausüben. Und Rousseau meint, dass zu große Unterschiede zwischen Arm und Reich, zu viel Luxus auf der einen Seite, zu große Armut auf der anderen Seite, für ein politisches Gemeinwesen nicht zuträglich sind. Neben diesen drei Gesichtspunkten lässt sich noch eine vierte Voraussetzung benennen, die sowohl in der antiken Theorie als selbstverständlich vorausgesetzt wie auch von der republikanischen Tradition politischen Denkens immer wieder eingefordert worden ist: die Tugend der Bürger. Damit sind solche Einstellungen und Verhaltensdispositionen gemeint, die durch Sozialisation, aber auch durch gemeinsame politische Praxis anerzogen und eingeübt werden, die den Bürger, sowohl in seiner Eigenschaft als Regierter wie in seiner Kompetenz als Regierender, für die Politik, die gemeinsamen bürgerschaftlichen Angelegenheiten also, prädisponieren und auch befähigen. Verbunden mit dieser Vorstellung eines von der politischen Tugend geleiteten Bürgers ist die Erwartung, dass das jeweilige individuelle Einzelinteresse, wenn nötig, hinter dem gemeinen Wohl der politischen Gemeinschaft zurücktreten können muss.

Diese vier Voraussetzungen garantieren indes noch nicht die Stabilität eines demokratischen politischen Systems. Eine wohl durchdachte institutionelle Infrastruktur, ein geschicktes institutionelles Arrangement, wie die amerikanischen Federalists formulierten, gehört ebenfalls zu den Bedingungen einer stabilen Demokratie. Und schließlich hat Alexis de Tocqueville so pointiert wie vor und nach ihm kaum jemand auf das funktionale Erfordernis einer starken Bürgergesellschaft, einer bürgerschaftlichen Zivilgesellschaft als Ausdruck autonomer, nicht-staatlicher Assoziationen aufmerksam gemacht. Tocqueville hatte diesen Zusammenhang als den entscheidenden für die Freiheitlichkeit und Stabilität demokratischer Ordnungen bestimmt, als er 1831 die erste moderne Massendemokratie in den USA besucht und analysiert hatte.

Die moderne vergleichende Demokratieforschung hat diese aus der historischen Erfahrung und Reflexion gewonnenen Befunde erhärten können. Dabei ist aber auch, gerade mit Blick auf die Krisen der Demokratie im 20. Jahrhundert, deutlich geworden, dass diese Voraussetzungen keineswegs und in jedem Fall als hin- und zureichende Bedingungen von Demokratie und Demokratisierungsprozessen angesehen werden können. Denn immer hängen Erfolg und Scheitern von Demokratisierungsprozessen von den konkreten Umständen und Situationen, von politischen Strukturen und Funktionen, aber auch von dem Verhalten der politischen Akteure ab. Dass es aber Zusammenhänge und Korrelationen zwischen bestimmten Voraussetzungen und Bedingungen einerseits und der Entstehung und der Stabilität demokratischer Ordnungen andererseits gibt, das kann die moderne komparative Demokratieforschung mit ihren theoretischen Modellen der demokratischen Funktionsvoraussetzungen sehr wohl belegen.

So lässt sich – in Anlehnung an den amerikanischen Demokratietheoretiker Robert A. Dahl und die Forschungen von Manfred G. Schmidt – ein Bündel von Funktionsvoraussetzungen der Demokratie angeben, das vier essentielle und zwei begünstigende Bedingungen für die Demokratie beinhaltet. Wenn die vier essentiellen Bedingungen erfüllt sind, dann ist diesen Annahmen zufolge die Wahrscheinlichkeit einer funktionsfähigen Demokratie sehr hoch – aber auch in dem Maße geringer, wenn eine oder mehrere eben nicht vorliegen. So sind erstens die effektive zivile Kontrolle von militärischer und polizeilicher Gewalt und damit die Zähmung staatlicher Exekutivgewalt als Bedingung anzuführen. Die zweite Bedingung besteht in einer politischen Kultur, die den demokratischen Prozess, den Konfliktaustrag und die Kompromissfindung, unterstützt und zugleich die Demokratie als eine positive Staatsform – auch in

Krisen ihrer Institutionen und politischen Effizienz – bei ihren Bürgern akzeptieren lässt. Drittens erfordert eine funktionsfähige Demokratie die Existenz einer pluralistisch gegliederten, von staatlichem Dirigismus freien Gesellschaft, in der die Machtressourcen in Politik, Gesellschaft und Wirtschaft breit gestreut sind. Die vierte Bedingung besteht in einer der Demokratie förderlichen internationalen Lage und solchen außenpolitischen Interdependenzen, die demokratieverträglich oder demokratieförderlich sind. Zu den begünstigenden, wenngleich in diesem Modell nicht als essentiell angesehenen Bedingungen gehört ferner eine marktwirtschaftliche Ordnung der Wirtschaft, die zugleich mit den Erfordernissen sozialer Sicherung des Einzelnen und begrenzter staatlicher Intervention kompatibel ist, sowie – weiterhin – ein Pluralismus der Kulturen in einer Gesellschaft, der trotz seiner potentiell unbegrenzten Vielfalt einen «überlappenden» politischen Konsens zulässt, mit dem zumindest eine Übereinstimmung über die Verfahren demokratischer Willensbildung und politische Entscheidungsakzeptanz möglich wird.

Evident ist der Zusammenhang zwischen Demokratie und internationaler Einbettung eines Landes. Interventionen einer ausländischen Macht und außenpolitische Abhängigkeiten können sowohl in die eine, die demokratieabträgliche, wie auch in die andere, die demokratieverträgliche und -befördernde Richtung wirken. Die Ausdehnung des Machtbereiches der Sowjetunion auf Mittel- und Osteuropa hatte einige Länder, so die Tschechoslowakei, Ungarn und Polen, davon abgehalten, sich als Demokratien etablieren zu können. Umgekehrt war es zuerst der Wandel, dann der Zerfall der Sowjetunion, der die Transition der ost- und mitteleuropäischen Staaten von autoritär-sozialistischen Regimen zu Demokratien ermöglichte. Die gleichzeitige internationale Unterstützung, etwa durch die Aufnahme in militärische Bündnisse oder die Aussicht auf Mitgliedschaft in der Europäischen Union, sollte, wie schon früher in den Fällen Griechenlands, Spaniens und Portugals, helfen, die Demokratien auch im Innern zu stabilisieren – eine Absicht, die nicht immer realisiert werden konnte, wie das Beispiel der Ukraine gezeigt hat, wo Russlands geopolitischer Machtanspruch zur Annexion der Krim und Destabilisierung der östlichen Regionen geführt hat.

Auch die USA wirkten in beide Richtungen, sowohl die Demokratie behindernd oder gar zerstörend, dann aber auch demokratiebefördernd. In Lateinamerika haben die USA mehr als einmal interveniert, um durch Wahl etablierte Regierungen abzusetzen, um amerikanische Interessen, seien es ökonomische oder Sicherheitsinteressen, zu schützen. Die bekanntesten Fälle sind Chile oder auch Guatemala 1964. Umgekehrt waren es die USA und England, die nach dem Zweiten Weltkrieg die Wiederbegründung der Demokratie, so in Westdeutschland, in Italien oder Österreich, wesentlich beförderten, so dass durchaus festgestellt werden kann, dass hier der Demokratisierungsprozess «auf den Bajonetten einer demokratisch verfassten Siegermacht» erfolgte (Schmidt). Die westlichen Besatzungsmächte gaben Flankenschutz für den Wiederaufbau der Demokratie und sorgten gleichzeitig mit ökonomischen Hilfsprogrammen für die Initiierung eines rapiden wirtschaftlichen Wachstums, das den Demokratisierungsprozess nachhaltig stützte. Zuletzt ist aber auch die Erkenntnis gewachsen, dass durch militärische Intervention herbeigeführte Regimewechsel, wie sie in Afghanistan, Irak und Libyen erfolgten, keineswegs Königswege für erfolgreiche Demokratisierungsprozesse sind. Im Gegenteil, Regimewechsel können dort zu Bürgerkrieg und neuer Gewaltherrschaft führen, wo sie vom Zerfall staatlicher Ordnungsstrukturen begleitet und die kulturellen, ethnischen oder religiösen Gegensätze groß sind.

Die effektive zivile Kontrolle polizeilicher und militärischer Macht ist eine weitere wesentliche, unbestreitbare Voraussetzung für Entstehung und Erhalt der Demokratie. Wo sich Gruppen der zentralen, polizeilichen und militärischen Machtmittel bedienen, kommt es nur äußerst selten, wenn überhaupt, zu freien und fairen Wahlen. Meist erringen die Machthaber ihre Position durch einen Militärcoup. In Guatemala, El Salvador und Nicaragua gab es zwischen 1948 und 1982 siebenundvierzig Regierungen, zwei Drittel davon wurden gewaltsam durch das Militär gebildet oder ganz wesentlich gestützt. Ganz anders hingegen Costa Rica, seit 1950 eine Demokratie – was nicht zuletzt darauf zurückzuführen ist, dass 1950 ein demokratisch gewählter Präsident das Militär abschaffte.

So wie die Kontrolle von Polizei und Militär nicht-demokratisch legitimierte Macht zu verhindern sucht, so ist Polyarchie, wörtlich aus dem Griechischen übersetzt: Vielherrschaft, eine Voraussetzung für die Stabilität der Demokratie. Die Streuung von Macht und ihren Ressourcen wehrt der Gefahr einer despotischen Zusammenballung von Macht, die entweder auf den demokratischen Prozess direkt einwirkt oder die Demokratie durch die Herrschaft Einzelner oder Cliquen zur Oligarchie deformiert. Dabei reicht keineswegs, so wichtig sie ist, die Aufteilung der politischen Gewalten, um, wie Montesquieu forderte, ein *gouvernement modéré* als Voraussetzung für die Bewahrung der Freiheit einzurichten. Mit den Federalists, Tocqueville und John Stuart Mill geht es auch um die Verhinderung gesellschaftlicher Tyrannei. Keine Gruppe in der Gesellschaft sollte so mächtig werden, dass sie andere Gruppen und Minderheiten tyrannisch beherrschen kann. Die empirische Demokratieforschung hat zeigen können, dass der Demokratiegehalt eines politischen Systems in einem Zusammenhang mit der Verteilung oder Streuung der Machtressourcen in der Gesellschaft und auch in der Wirtschaft steht: Je stärker die Machtressourcen auf viele Träger verteilt sind, desto höher ist der Demokratiegehalt; je stärker die Machtressourcen konzentriert sind, desto niedriger fällt der Demokratiegehalt aus. Bereits die Alten wussten, Aristoteles legte es seiner Verfassungslehre zugrunde, dass die Monopolisierung von Macht dem Wohl eines politischen Gemeinwesens schadet und nur den Trägern der Macht selbst – und das auch nur kurzfristig – Nutzen bringt.

Voraussetzung für eine stabile und funktionsfähige Demokratie ist also Pluralität in der Gesellschaft, Vielfalt in der Kultur und Wettbewerb in der Wirtschaft. Vielfach wird auch von der weitgehenden Autonomie dieser gesellschaftlichen Bereiche, ihrer «Staatsferne», gesprochen. Der Liberalismus suchte die Sphären von Staat und Gesellschaft, Staat und Religion, Staat und Wirtschaft, Staat und Kultur, Staat und Wissenschaft voneinander zu trennen. Die Grenzen wurden von den Grund-, Bürger- und Freiheitsrechten markiert. Das Kalkül war – wie es dann auch im Wahlspruch von *Laissez-faire*, nicht nur der Ökonomen, hieß –, dass gerade der sich frei entfaltende gesellschaftliche, kulturelle und wirtschaftliche Pluralismus zu einer größtmöglichen, die Freiheiten sichernden Verteilung der Machtressourcen führte, dabei aber die Gesamtgesellschaft wie auch der Einzelne zugleich einen größten Nutzen davontragen. In der Wirtschaft erzeugen *Laissez-faire* und Wettbewerb Wohlstand, die von staatlicher Bevormundung freien Bereiche von Kultur und Wissenschaft finden zu Kreativität und Fortschritt, und die autonome Bürgergesellschaft mit ihren vielfältigen religiösen Gemeinschaften und intermediären Assoziationen bildet Bürgersinn und damit eine politische Kultur aus, die die Demokratie als Regierungsform bürgerschaftlicher Selbstregierung stützt und lebendig hält.

Dass die Demokratie einer Unterstützung der Mehrheit ihrer Bürger bedarf, ist unbestritten. Die Weimarer Republik scheiterte nicht zuletzt daran, dass sie eine Demokratie ohne Demokraten war, dass eine große Zahl der Bürger Republik und Demokratie ablehnte und auch die politischen, administrativen und Funktionseliten ihr die notwendige Unterstützung versagten. Bürger müssen die Demokratie anerkennen und ihren Institutionen vertrauen, sie müssen die Verfahren demokratischer Konfliktlösung und politischer Kompromissfindung akzeptieren und die Entscheidungen – zumindest – respektieren können. Je mehr Unterstützung die Bürger zu geben bereit sind, desto ausgeprägter ist die Stabilität der Demokratie. Wenn dies so ist, können auch temporäre Krisen der Institutionen oder auch wirtschaftliche Probleme der Funktionsfähigkeit der Demokratie keinen bleibenden Schaden zufügen. Nur so erklärt sich auch, dass die Weimarer Demokratie an ihren Krisen zugrunde ging, andere Demokratien, wie beispielsweise die USA, England und Frankreich, die Krisen der Zwischenkriegszeit und die weltwirtschaftlichen Verwerfungen unbeschadet überstanden. Problematisch wird es indes dann, wenn der Demokratie auf Dauer die Bewältigung von politischen, sozialen und ökonomischen Aufgaben nicht – mehr – zugetraut wird, dann erzeugen Effizienzprobleme Legitimitätseinbußen.

Hier standen die Transitionsländer der jüngsten Demokratisierungswelle vor erheblichen Problemen. Zumeist haben sie, bisweilen auf dem Wege des direkten Transfers wie im Fall der DDR, demokratische Verfassungen und Institutionen nach dem Vorbild der alten, westlichen Demokratien übernommen, ihre politische Kultur aber zeigte sich noch keineswegs als eine demokratische, die das neue Institutionensystem auch in den vielfältigen Krisen des Übergangs hätte konsolidieren können. Zumeist zeichnete sich die politische Kultur der alten sozialistisch-kommunistischen Länder durch autoritäre Orientierungen und Einstellungen von Bürgern und Eliten aus. Dort, wo bürgerschaftliche Traditionen überlebten und revitalisiert werden konnten, wie beispielsweise in Polen, Ungarn, der Tschechischen Republik oder den baltischen Staaten, konnte die junge Demokratie gute Perspektiven auf dauerhafte Stabilität entwickeln. Jüngste Entwicklungen zeigen jedoch, dass die Akzeptanz demokratischer Prinzipien und fundamentaler Grundsätze des Rechtsstaates nicht ungeteilt ist und von Regierungen und Teilen der Bevölkerung auch wieder infrage gestellt werden kann.

Deutschland selbst ist ein interessanter Fall, in dem die Langlebigkeit autoritärer Einstellungsmuster und die Langwierigkeit der Ausbildung einer demokratischen politischen Kultur studiert werden können. Nach der Wiederbegründung der Demokratie in Westdeutschland dauerte es mehr als zwanzig Jahre, bis Demokratieforscher eine politische Bürgerkultur konstatieren konnten, die die Demokratie der Bundesrepublik zu stabilisieren in der Lage war. Die Bürger hatten, nicht zuletzt aufgrund der positiven Erfahrungen, gelernt, die demokratische Regierungsform als gut und anderen Regierungsformen überlegen anzuerkennen. Das war vordem keineswegs der Fall gewesen. Zudem zeigte sich mit Beginn der späten 1960er Jahre auch eine erhöhte Bereitschaft zur Partizipation. Dass diese bisweilen, so vor allem in den Studenten- und Protestbewegungen, unorthodoxe Formen, auch des zivilen Ungehorsams, annahm, beeinträchtigte das Bild nicht, im Gegenteil: Protest und Beteiligung führten *à la longue* zu einer verstärkten Identifikation mit der Demokratie der Bundesrepublik.

Auch für das vereinigte Deutschland führte das Aufeinandertreffen zweier politischer Teilkulturen zu Disparitäten demokratischer Einstellungen. Wo in Westdeutschland in der Regel über zwei Drittel der Bürger die Demokratie, wie sie in Deutschland besteht, positiv beurteilen, zeigen sich weitaus weniger, mit Unterschieden bis zu 20 Prozent, der Bürger Ostdeutschlands zufrieden. Zugleich hinkt auch die generelle Wertschätzung für die demokratische Ordnung seit Mitte der 1990er Jahre dem westlichen Landesteil hinterher. Dieses Muster scheint im Übrigen keineswegs nur für die Bürger der ehemaligen DDR zu gelten, die vergleichsweise geringe Zufriedenheit mit der Demokratie ist ein allgemeines Problem des Übergangs von autoritären zu demokratisch-freiheitlichen Ordnungen. Die Gründe liegen einmal in den hohen Erwartungen, die mit der neuen Ordnung anfänglich verbunden werden, dann aber auch in der Persistenz alter Vorstellungswelten, der Präferenz von Sicherheit gegenüber Freiheit, des Konsenses gegenüber dem Konflikt, des autoritär-hierarchischen gegenüber dem partizipatorisch-bürgerschaftlichen Politikmodus. Transitionsgesellschaften, die einen abrupten politischen Systemwechsel vollzogen haben, der auch von schmerzhaften sozialen, ökonomischen und demographischen Umbrüchen begleitet war, benötigen oft eine Eingewöhnungszeit von mehr als einer Generation, um mit dem bisweilen zähen demokratischen Ringen um die richtigen Lösungen, dem beständigen «Bohren von harten Brettern» (Max Weber), vertraut zu werden. Auch können die unterschiedlichen Erfahrungen und Deutungen – beispielsweise von «Verlierern» und «Gewinnern» – der Umbrüche zu Entfremdungen, Widerständen sowie zu Protest und Revolten von Bürgern führen, wie in den letzten Jahren in vielen Ländern zu beobachten ist.

Als Voraussetzung für eine funktionsfähige und stabile Demokratie wird immer wieder die Säkularisierung, also die Trennung von Staat und Religion, angeführt. In der Tat haben sich Demokratien erst zu einem Zeitpunkt entwickeln können, als der moderne Staat, als Folge der Bürger- und Religionskriege, schon die institutionelle Trennung von der Religion vollzogen und eine weltlich-diesseitige Herrschaftsordnung etabliert hatte.

Nicht überall wurde eine *wall of separation* gezogen, wie Thomas Jefferson die strikte Trennung in den USA bezeichnete. In Deutschland musste die Trennung von Staat und Kirche erst gegen das landesherrliche Kirchenregiment durchgesetzt werden. Und auch die weitgehende, wenngleich – in Deutschland – nicht vollständige, institutionelle Entflechtung, wie übrigens auch der gleichzeitige Prozess fortgeschrittener Säkularisierung, bedeutet nicht, dass Religion und Kirche im öffentlichen Bereich gar nicht präsent sind. Doch treten Kirche und religiöse Gemeinschaften hier in die Konkurrenz von Werten und Lebensweisen mit anderen, nicht-religiösen gesellschaftlichen Gruppen. Kirche und Religion sind Teile der autonomen Bürgergesellschaft. Es kann sogar, mit Blick auf die USA, auch in Konsequenz der Tocqueville'schen Analyse, behauptet werden, dass erst die strikte institutionelle Trennung von Staat und Religion die Vitalität praktizierter Religiosität in einem pluralistischen gesellschaftlichen Umfeld ermöglicht.

Säkularisierung und institutionelle Trennung gelten für moderne, westliche Gesellschaften, aber nicht für die meisten arabischen und asiatischen Gesellschaften. Hier muss die Frage nach der Vereinbarkeit von Demokratie und den jeweiligen religiösen – und philosophischen – Traditionen gestellt werden. Die so genannte «Schule der asiatischen Werte» sieht das westliche Konzept der Demokratie in Konflikt mit Religion und eigener Philosophie und hält es deshalb auch nicht für unmittelbar anwendbar. So ökonomisch erfolgreiche Staaten wie Singapur, Hongkong (vor der Eingliederung nach China), Indonesien und Thailand, alles Länder, die über Marktwirtschaften verfügen, haben es bislang abgelehnt, ihre semidemokratischen und autokratischen Regime in vollgültige Demokratien zu transformieren. Begründet wird dies mit den Traditionen von Konfuzianismus und Buddhismus. Zwingend ist dies keineswegs, Buddhismus und Konfuzianismus – und auch der Hinduismus – sind nicht per se demokratiefeindlich, wie man unschwer an Japan und der indischen Demokratie sehen kann. Auch lassen sie sich mit der Gewährleistung von Bürgerrechten und politischen Freiheiten vereinbaren, stärken sie Wertstrukturen, die das soziale Kapital für erfolgreiche Demokratisierung sein können. Doch gibt es auch Strömungen, beispielsweise eines politischen Konfuzianismus, der eher hierarchische, autoritäre und keine demokratischen Strukturen stärkt.

Eindeutig problemgeladener ist das Verhältnis des Islam zu Säkularisierung und Demokratie. Auf das 19. Jahrhundert geht die Begegnung von Moslems mit der westlichen Moderne zurück, als deren Ergebnis islamische Gesellschaften Säkularisierung mit Atheismus gleichgesetzt und die folgenreiche religiöse und politische Unterscheidung «islamistisch – nicht-islamistisch» getroffen haben. Diese Frontstellung hat das politische Selbstverständnis vieler islamischer Gesellschaften bis auf den heutigen Tag geprägt und es gegen «den» Westen mit seinen Ideen von Säkularisierung, Trennung von Staat und Religion, Freiheitsrechten und Demokratie immunisiert. Allgemeingültige Aussagen über das Verhältnis des politischen Islam zur Demokratie lassen sich indes nicht treffen, zu vielfältig sind die religiösen Strömungen und die staatlichen Ordnungen. In manchen Staaten stellt der Islam nicht nur eine Religion, sondern zugleich die Ordnungsform des politischen Systems selbst dar. Vielen Gesellschaften der islamischen Welt fehlt eine Tradition der persönlichen, intellektuellen, wirtschaftlichen und politischen Freiheit, die einen nachhaltigen Prozess grundlegender Demokratisierung befördern könnte. Und unbestreitbar ist, dass die große Mehrzahl der islamischen Staaten autokratisch verfasst ist. Gleichwohl können sich auch in mehrheitlich islamischen Gesellschaften Prozesse der Demokratisierung einstellen, wie es in Ägypten, Tunesien oder Libyen zunächst der Fall war, wo es Teilen der protestierenden Zivilgesellschaft gelang, autokratische oder diktatorische Herrschaft zu überwinden, bevor sich dann die Rivalitäten unterschiedlicher religiöser Strömungen innerhalb des Islam – verschärft durch soziale und ethnische Konfliktlagen – als Hindernis für die Herausbildung stabiler demokratischer Strukturen erwiesen. So erlitten die Transitionsprozesse herbe Rückschläge. In Ägypten etablierte sich zunächst ein religiöses Regime, welches sodann von der Herrschaft der Militärs abgelöst und dann durch Wahl des Präsidenten bestätigt wurde. Libyen ist als Staat wegen ethnisch-religiöser Konflikte zerfallen. Nur in Tunesien konnten sich semidemokratische Strukturen herausbilden. Und dort, wo sich, wie in der Türkei, unter dem Einfluss des Staatsgründers Kemal Atatürk, ein säkularer Staat herausgebildet hatte, der die Trennung von Staat und Religion etablierte, kam es immer wieder zu Auseinandersetzungen zwischen Verfechtern konservativer religiös-kultureller Vorstellungen auf der einen und «Modernisierern» auf der anderen Seite. Letztere bestehen auf der Einhaltung von Menschen- und Bürgerrechten genauso wie auf den grundlegenden demokratischen Prinzipien wie Meinungs-, Versammlungs- und Pressefreiheit. Infolge eines Putschversuchs durch Teile des Militärs erlitten diese Kräfte 2016 einen erheblichen Rückschlag. Seitdem führen die hohe Zahl von Verhaftungen, die teilweise Außerkraftsetzung von Grundrechten sowie die Ausschaltung von Oppositionsgruppen und die Behinderung der freien Presse zu einer autoritär-präsidialen Überformung demokratischer Strukturen.

Demokratien leben von einer pluralistischen, offenen Bürgerkultur, sie können aber auch von zu heterogenen, nicht mehr integrierbaren Teilkulturen in ihrer Existenz gefährdet werden. Dies ist dann der Fall, wenn sich, wie in der Weimarer Republik, verschiedene gesellschaftliche Teilkulturen – bürgerliche, kommunistische, nationalsozialistische, konservative – gegenüberstehen und alle gleichermaßen oder überwiegend das demokratische politische System ablehnen. Hier wird die Demokratie in den gesellschaftlich-kulturellen Antagonismen regelrecht zerrieben. Eine Herausforderung neuerer Art stellen hier multikulturelle Einwanderergesellschaften dar, in denen sich unterschiedliche, segmentierte Teilkulturen über sprachliche, kulturelle, religiöse, ethnische oder regionale Merkmale ausbilden. Wenn diese Teilkulturen starke eigene Identitäten erzeugen, sich von anderen Teilkulturen abgrenzen und Forderungen auf Anerkennung ihrer Differenz in den politischen Raum einbringen, stehen Demokratien vor erheblichen Belastungsproben.

Eine Politik der Wahrung oder Überhöhung partikularer Identitäten – sei es im religiösen, sprachlichen oder kulturellen Bereich – kollidiert mit den Verhandlungs- und Kompromissnotwendigkeiten demokratischer Entscheidungsverfahren. Länder mit großen kulturellen Unterschieden haben hier je eigene Lösungen gesucht und zum Teil auch gefunden. Die Vereinigten Staaten von Amerika, ein klassisches Einwanderungsland, haben die Probleme zumeist auf dem Wege der politischen Integration zu lösen versucht. Gleichwohl hat die hohe ethnokulturelle Heterogenität auch zu besonderen multikulturellen Konflikten zwischen den einzelnen Teilkulturen, aber auch in der politischen Arena geführt, zum Teil konnten die Konflikte nur durch besondere Maßnahmen zum Schutz oder zur Förderung von Minderheiten kanalisiert werden. Einwanderungsgesellschaften versuchen generell, die Spaltung ethnokultureller und religiöser Konfliktlinien mit Programmen der Integration und demokratischer Teilhabe zu vermeiden, können aber, wie jüngste Entwicklungen zeigen, nicht immer sicher sein, damit eine nachhaltige Befriedung der Konflikte zu erreichen. Und wie die in den westlichen Demokratien beobachtbaren Polarisierungen, die infolge von Migrationsentwicklungen besonders sichtbar geworden sind, eingehegt werden können, ist eine noch offene Frage, zumal sich hinter ihnen andere, grundlegende soziale, ökonomische, kulturelle und demographische Konflikte zu verbergen scheinen. Diese Prozesse werden als gegenwärtige Krisenerscheinungen am Ende diskutiert.

Zu den Voraussetzungen und Bedingungen der Demokratie wird immer wieder das Bestehen einer marktwirtschaftlichen Ordnung, zumindest aber einer von staatlichem Interventionismus halbwegs unabhängigen Form des Wirtschaftens gezählt. Ob es aber zwischen einer Marktwirtschaft und der Demokratie einen direkten Zusammenhang gibt, ist in Theorie wie Empirie gleichermaßen umstritten. Zum einen ist es unzweifelhaft so, dass viele ältere Demokratien über liberale, wenngleich nicht immer staatsfreie Wirtschaften verfügen und vergleichsweise reiche Länder sind. Zum anderen aber lassen sich kapitalistische Marktwirtschaften auch in semidemokratischen und autokratischen Regimen finden. Das gilt für einige ostasiatische Länder, die wegen ihres stupenden ökonomischen Aufstiegs in der Weltwirtschaft lange Zeit «Tigerstaaten» (u.a. Thailand, Singapur, Hongkong) genannt wurden. Aber auch Länder in Lateinamerika fallen darunter, so Chile in der Spätphase der letzten Militärdiktatur unter dem Einfluss der «Chicago boys», Ökonomen aus einer sehr einflussreichen marktwirtschaftlichen und monetaristischen Schule in den USA. Und auch Länder, die in den letzten Jahrzehnten den Übergang von der sozialistischen Plan- zur Marktwirtschaft vollzogen haben, haben dies zum Teil, wie Russland, unter autoritären, allenfalls halbdemokratisch zu nennenden Vorzeichen getan. Vielfach ist diese Form der Wirtschaft als «Raubtierkapitalismus» bezeichnet worden, weil die Privatisierung der ehemaligen Staatsbetriebe zu einer Bereicherung in den Händen weniger führte und weil die ökonomische Systemtransformation in den wenigsten Fällen nach rechtsstaatlichen und gesetzmäßigen Kriterien vollzogen wurde – was wiederum wegen der damit verbundenen sozioökonomischen Verwerfungen zu erheblichen politischen Legitimitätseinbußen der Demokratie im Übergang geführt hat.

Das Verhältnis einer kapitalistisch organisierten Privatwirtschaft zur Demokratie ist also als höchst ambivalent zu bezeichnen. Einerseits schafft eine freie Wirtschaft, besser als andere Formen des Wirtschaftens, Wohlstand. Und Wohlstand scheint fast eine Garantie für die Demokratie zu sein: «The more well-to-do a nation, the greater the chances that it will sustain democracy» – so lautet eine Schlüsselthese, die die Demokratieforschung aufgestellt hat und empirisch unterstreichen konnte. Je reicher ein Land ist, desto höher ist die Wahrscheinlichkeit, dass die Staatsverfassung demokratisch ist, und umso geringer ist die Wahrscheinlichkeit, dass dort eine Autokratie entsteht oder aufrechterhalten wird. Daraus lässt sich auch der Schluss ziehen, dass, je länger eine prosperierende Marktwirtschaft besteht, es desto wahrscheinlicher ist, dass sich ein autokratisches oder halbdemokratisches Land, in dem zwar gewählt wird, es aber an demokratischen Freiheiten mangelt, zu einer vollen Demokratie wandeln kann. Die Annahme ist, dass privatwirtschaftlich erzeugter ökonomischer Wohlstand zur Ausbildung eines Mittelstandes führt, der nach rechtsstaatlichen Garantien und politischer Mitsprache verlangt – also ein politischer Modernisierungsprozess in Gang kommt, der auch in den westlichen Gesellschaften, in Nordamerika, England, aber auch im Deutschland des 19. Jahrhunderts, historisch beobachtet werden konnte. Marktwirtschaft ermöglicht und befördert also Demokratie.

Marktwirtschaften besitzen aber auch Gefährdungspotentiale für die Demokratie. Erstens erzeugen sie, sowohl in der Phase ihrer Implementation wie auch in ihrer fortwirkenden Dynamik, soziale und ökonomische Ungleichheiten, die politisch auf die Demokratie und ihre Institutionen durchschlagen. Es kann zu sozialen Konflikten kommen, die durch demokratische Kompromissbildungsverfahren nicht zu schlichten sind. Zudem generieren Märkte Machtstrukturen, die sich in der Politik als Vetopositionen durchsetzen und diese vor erhebliche Steuerungsprobleme stellen können. Und schließlich schaffen sich Marktwirtschaften ihre eigenen Krisen, weil die ihnen innewohnende Dynamik sowohl Spekulationsblasen wie Prozesse der «schöpferischen Zerstörung» (Schumpeter) nicht verhindern, im Gegenteil: immer wieder hervortreiben. Zuletzt haben die aus der kommunikations- und informationstechnologischen Revolution hervorgehende *New Economy* sowie die deregulierten Finanzmärkte und der daraus resultierende Bankencrash diese Zusammenhänge wieder deutlich werden lassen. Demokratien haben, wo sie schon länger bestehen und von sozialen und ökonomischen Krisen nicht zerrüttet wurden, gelernt, mit diesen Gefährdungspotentialen umzugehen, und Mechanismen entwickelt, mit denen ein «entfesselter» Kapitalismus zu einer marktwirtschaftlichen Ordnung gezähmt und die sozioökonomischen Folgewirkungen durch sozialpolitische Maßnahmen beherrschbar gemacht werden konnten. Wettbewerbs-, Kartellgesetzgebung, staatliche Rahmenordnungen und Regulierungen zur Einhaltung von Arbeits-, Gesundheits- und Umweltstandards gehören ebenso dazu wie sozial- und wohlfahrtsstaatliche Maßnahmen, von der Arbeitslosen-, Renten- und Krankenversicherung bis zur Sozialhilfe. Gleichzeitig haben moderne Demokratien auch Institutionen wie Zentralbanken – zur Kontrolle der Geldströme – und transnationale Einrichtungen etabliert, die die Selbstregulierung der Wirtschafts- und Finanzsysteme stärken und überwachen sollen. Demokratien suchen sich hier auch dadurch zu stabilisieren, dass sie sich in ihrem direkten Zugriff auf die Wirtschaft selbst beschränken. Sie müssen aber auch sicherstellen, dass sie sich nicht gänzlich ihres regulierenden Zugriffes entledigen. Marktwirtschaft und Demokratie sind unter diesen Voraussetzungen durchaus kompatibel, wenngleich von Spannungen und Konflikten keineswegs frei.

VIII. Strukturen und Probleme der modernen Demokratie

Zur institutionellen Infrastruktur der modernen Demokratie gehören – als erste und wichtigste Einrichtung – regelmäßige, freie, geheime, allgemeine und gleiche Wahlen. Nur durch Wahlen sind Regierende in Demokratien legitimiert, Entscheidungen zu treffen und diese auch auszuführen. Wo Wahlen sind, muss auch eine Auswahl stattfinden. Die Konkurrenz von Kandidaten oder Gruppen von Kandidaten – als Parteien oder Wählergemeinschaften – muss folglich gewährleistet sein. Alles andere wäre Akklamation und als solche mit demokratischen Standards nicht vereinbar. Insofern kann die Definition, die Joseph Schumpeter gegeben hat, als die Minimaldefinition von Demokratie angesehen werden: «Die demokratische Methode ist diejenige Ordnung der Institutionen zur Erreichung politischer Entscheidungen, bei welcher einzelne die Entscheidungsbefugnis vermittels eines Konkurrenzkampfes um die Stimmen des Volkes erwerben.»

Doch bei der Definition der Demokratie als Wahldemokratie kann nicht stehen geblieben werden. Eine anspruchsvollere Bestimmung geht von der Geltung der elementaren Grund- und Freiheitsrechte aus. Diese erst schaffen den Raum von bürgerschaftlicher Öffentlichkeit, der den Austausch von Informationen und Meinungen und den Prozess freier Kommunikation und Interaktion von politisch Handelnden ermöglicht. Demokratie lebt von der Publizität und der Transparenz, vom Miteinander-Sprechen und Miteinander-Handeln der Bürger. Von daher ist die Partizipationsmöglichkeit der Bürger auf allen Ebenen des politischen Systems eine Grundbedingung der Demokratie. Daran hat sich von der athenischen Polisdemokratie bis heute nichts geändert.

Doch ist die moderne Demokratie im Wesentlichen eine repräsentative, auf temporärer Delegation beruhende Demokratie. Das Volk drückt seinen Willen vor allem in Wahlen und, wo die Institutionen direkter Demokratie vorhanden sind, in Abstimmungen aus. Natürlich kann sich das Volk auch auf andere Weise, bei Protesten auf der Straße, über die Kanäle der öffentlichen Meinungs- und Willensbildung Gehör verschaffen. Doch tritt der Demos selten, im politischen Alltag gar nicht, allenfalls in revolutionären Momenten, als Kollektivsubjekt in Erscheinung. Das ändert indes nichts daran, dass die Souveränität des Volkes auch in der modernen Demokratie das entscheidende Begründungs- und Legitimationsprinzip politischer Ordnung ist. Es hat sich historisch gezeigt, dass das Volkssouveränitätsprinzip mit verschiedenen Verfassungsformen und institutionellen Ordnungen verbunden werden kann. Versammlungsdemokratische Ordnungen, wie sie die französische Verfassung von 1793 für einen großen Flächenstaat vorsah oder wie sie bis heute auf kleinstaatlicher, kantonaler und kommunaler Ebene (Schweiz, USA) praktiziert werden, und Formen plebiszitär-direktdemokratischer Bürgerbeteiligungen legitimieren sich ebenso durch das Prinzip der Volkssouveränität wie repräsentativdemokratische Institutionen. Auch totalitäre und diktatorische Regime haben sich historisch immer wieder auf den Grundsatz der «Volksherrschaft» berufen. Der entscheidende Unterschied aber liegt in der institutionellen Einrichtung politischer Herrschaft. Ein monistisch und substantialistisch gedachter Volkssouveränitätsbegriff tendiert zu totalitär-diktatorischen Ordnungen, ein pluralistisch, auf Differenz abstellender Begriff bestreitet den kollektiven Subjektcharakter des Volkes, sieht das Volk vielmehr als eine Vielheit von Individuen und Gruppen mit sehr unterschiedlichen Interessen und Wertvorstellungen.

Vor allem der angloamerikanischen Entwicklungslinie des demokratischen Verfassungsstaates liegt diese Auffassung von Volkssouveränität zugrunde, die sich im 20. Jahrhundert letztlich auch in kontinentaleuropäischen Demokratien durchsetzen konnte. Die konstitutionelle Demokratie «bricht» das Volkssouveränitätskonzept, indem sie die Ausübung demokratischer Staatsgewalt auf unterschiedliche, sich gegenseitig kontrollierende und miteinander verschränkte Gewalten verteilt und damit die Souveränität des Volkes in eine von der Verfassung normierte und institutionell garantierte Kompetenz- und Verfahrensordnung überführt. Das Volk tritt hier zum einen als *pouvoir constituant*, als verfassunggebende Gewalt, zum anderen als *pouvoir constitué* als durch die Verfassung selbst konstituierte und gebundene Gewalt auf. Diese Konzeption schließt keineswegs die direkte politische Beteiligung der Bürger – in Wahlen, Abstimmungen, Volksbegehren, Referenden etc. – aus, sie unterwirft aber die Ausübung direkter Volksherrschaft den verfassungsmäßigen Bindungen demokratischer Herrschaft, die sich aus den Grundrechtsgarantien und den Prinzipien von Gewaltenteilung und Rechtsstaatlichkeit ergeben. Der demokratische Souverän fesselt sich selber. Insofern kennt der demokratische Verfassungsstaat keinen ungebundenen Souverän mehr, allenfalls die Verfassung kann – symbolisch – die Stelle des Souveräns beanspruchen.

In der direkten Demokratie aber scheint die Souveränität des Volkes unmittelbarer zum Ausdruck zu kommen. Vielfach auch geht die direkte mit der repräsentativen Demokratie eine Verbindung ein. Die Versammlungsdemokratie ist die Ausnahme, sie wird nur als Landsgemeinde in einigen (Halb-)Kantonen der Schweiz und als *townhall meeting* in Teilen der USA praktiziert. Zumeist findet sich die direkte Partizipation der Bürger im Rahmen von gemeindlichen Planverfahren oder aber in Form von kommunalem Bürgerbegehren und Bürgerentscheid. Auf der mittleren Ebene föderal organisierter Demokratien – in Deutschland zum Beispiel auf der Ebene der Bundesländer – finden sich ebenso Verfahren der direkten Beteiligung in so genannten Volksinitiativen, Volksbegehren und Volksabstimmungen. Auf der zentralstaatlichen Ebene überwiegen jedoch in der Regel die

Institutionen der repräsentativen Demokratie gegenüber den Formen direkter Bürgerbeteiligung. Ausnahmen sind Länder wie Italien, Frankreich, Irland, Dänemark, Australien und Neuseeland, jetzt auch Litauen, Slowakei und Ungarn, wo auch die nationale Ebene – auf bestimmte Gesetze oder Verfassungsänderungen eingegrenzte – plebiszitäre Instrumente unmittelbarer Beteiligung des Volkes kennt.

Hort – und für viele auch Vorbild – der Direktdemokratie ist die Schweiz, die die unmittelbare Demokratie nicht nur auf der lokalen und kantonalen, sondern auch auf der nationalen Ebene etabliert hat und am häufigsten unter den etablierten Demokratien praktiziert. Auf der Bundesebene stehen dem schweizerischen Stimmbürger mehrere Formen von Referenden und Verfassungsinitiativen zur Verfügung. Zumeist gilt für die Referenden das Prinzip der doppelten Abstimmungsmehrheit von Kantonen und Halbkantonen einerseits und des Gesamtvolkes andererseits. Auf Kantonsebene gibt es neben der Gesetzesinitiative auch das Finanzreferendum oder den Volksentscheid über Steuervorlagen. Der Effekt ist, dass es zu unterschiedlichen Steuerlasten in den Kantonen kommt, was die direkte Entscheidungsverantwortung der Bürger in den öffentlichen Angelegenheiten, wie zum Beispiel bei Infrastrukturmaßnahmen, bei Schulen, Bauvorhaben etc., stärkt. Ganz ohne Frage vermögen damit direktdemokratische Verfahren auch die Partizipationschancen der Bürger zu erweitern, die Integrationsfähigkeit des politischen Systems zu erhöhen und die Legitimität der Entscheidungen sicherzustellen. Gleichwohl sind von der Direktdemokratie keine Wunder zu erwarten. Die Empirie zeigt, dass in der Regel die faktische Beteiligung bei Abstimmungen gering und sozial selektiv ist. An ihnen beteiligen sich überwiegend Bürgerinnen und Bürger aus den Mittel- und Oberschichten der Bevölkerung. Auch sind es vor allem Parteien und durchsetzungsstarke Interessen- und Minderheitengruppen, die Referendumsprozesse zu nutzen wissen. Beobachtbar ist auch, dass die parlamentarische Opposition plebiszitäre Verfahren für ihre Zwecke zu instrumentalisieren versteht und damit die Parlamentsarbeit und den Parteienwettbewerb schwächt. Die getroffenen Entscheidungen sind auch keineswegs immer «progressiv», wie vielfach die Apologeten der Direktdemokratie annehmen. Meistens ist der Status quo der Sieger. Auch lässt sich empirisch nicht feststellen, dass Volksabstimmungen in der Lage sind, Blockaden der repräsentativ verfassten Politik aufzubrechen. Als wirkungsmächtig haben sich Referenden dort erwiesen, wo es um die Abtretung nationalstaatlicher Souveränität an die EU ging. Schweizer und Norweger stimmten gegen den Beitritt zur EU, in Frankreich, den Niederlanden und in Irland stimmten die Bürger und Bürgerinnen gegen den Verfassungsvertrag der EU. Und in Großbritannien schließlich war das Referendum über den Austritt aus der EU erfolgreich – was indes die Polarisierung in den Einstellungen der Briten gegenüber der EU keineswegs beseitigte, sondern verfestigte.

Vor allem nicht-parlamentarisch verfasste Demokratien haben das direktdemokratische Instrumentarium am konsequentesten ausgebaut. Die Regierung amtiert unabhängig vom Vertrauen des Parlamentes, es fehlt die klare Unterscheidung zwischen der Regierungsmehrheit und der Oppositionsminderheit. In einem konkordanz- bzw. konsensdemokratischen System, wo entweder alle relevanten politischen Kräfte gleichermaßen in den politischen Entscheidungsinstanzen vertreten sind oder alle wesentlichen Entscheidungen konsensual, durch Aushandlung, getroffen werden müssen, bildet die direkte Demokratie als Institution des Bürgers ein institutionelles Korrektiv. Ähnlich könnte für faktische Konsensdemokratien, wie sie sich beispielsweise in vielen Politikbereichen und aufgrund der föderalen Verflechtungsfalle in der Bundesrepublik Deutschland herausgebildet haben, argumentiert werden: Direktdemokratische Verfahren können die Dominanz eines starken Parteienstaates und den Korporatismus der großen Verbände in politischen Entscheidungsverfahren aufbrechen. Doch könnten sich umgekehrt die Entscheidungsprozesse auch verlängern, wenn eine Opposition plebiszitäre Verfahren instrumentalisiert und Gesetze über Referenden zu Fall zu bringen versucht. Die direkte Demokratie befindet sich dort in einem spannungsreichen Verhältnis zur repräsentativen Demokratie, wo sie die parlamentarischen Willensbildungs- und Entscheidungsprozesse schwächt und damit die Flexibilität der Politik herabsetzt.

Nun muss der Demos nicht allein auf dem Weg der direkten oder indirekten, parlamentarisch-repräsentativen Gesetzgebung in der politischen Arena auftreten. In der politischen Öffentlichkeit findet ein wesentlicher, wenn nicht gar der entscheidende Prozess der Meinungs- und Willensbildung statt. In der Antike war es der Marktplatz, die Agora oder das Forum, wo die Bürger sich trafen und über Politik, über ihre Angelegenheiten sich unterhielten, berieten und Meinungen prägten, die dann in der einen oder anderen Weise, mal mehr, mal weniger, in die politischen Entscheidungen eingingen. Im ausgehenden Mittelalter, in der italienischen Renaissance, in den deutschen und europäischen Stadtrepubliken waren es ebenfalls die Bürger, die auf den öffentlichen Plätzen, im oder vor dem Rathaus oder dem Palazzo Pubblico – in der Frühphase der bürgerlichen Gesellschaft auch die Honoratioren an den Stammtischen der Gasthäuser – ihren meinungsbildenden Einfluss auf Art, Stil und Inhalt politischer Entscheidungen nahmen.

Dieses Modell bürgerlicher Öffentlichkeit ist mit Etablierung der modernen Demokratie, auch der Durchsetzung des allgemeinen Wahlrechts, keineswegs obsolet geworden. Nach wie vor gibt es gewichtige Stimmen, die im Anschluss an Hannah Arendt in der auf zivilgesellschaftliche Strukturen gründenden politischen Öffentlichkeit eine wesentliche institutionelle Bedingung funktionsfähiger Demokratie sehen. Es sind diese Kommunikationsströme und publizistischen Einflüsse, so befindet Jürgen Habermas, die «aus Zivilgesellschaft und politischer Öffentlichkeit hervorgehen und über demokratische Verfahren in kommunikative Macht umgesetzt werden». Die Demokratie ist demnach auf das Zusammenwirken von informeller Meinungsbildung und verfasster Willensbildung, auf die Kooperation parlamentarisch-repräsentativer und authentischer Verständigungsprozesse im außerparlamentarischen, gesellschaftlichen Bereich angewiesen.

Dieses Modell diskursiver politischer Öffentlichkeit beruht, bei aller normativen Überzeugungskraft, jedoch auf Prämissen, die immer wieder von konkurrierenden Theorien, aber auch von empirischen Beobachtungen, infrage gestellt werden. Zum einen haben Elitentheorien, auch die so genannte ökonomische Theorie der Demokratie, argumentiert, dass es auf die von der Partizipation der Bürger getragene Rationalität meinungsbildender Öffentlichkeit letztlich gar nicht ankomme. Demokratie sei eine Beziehung zwischen Elite und Masse, die Führungsauslese, so Max Weber und Joseph Schumpeter, findet im Kontext von Konkurrenzkämpfen um Gefolgschaft und Zustimmung statt. Parteien rücken in die zentrale Vermittlungsposition ein, sie sind machtvoll organisierte Medien im System der «plebiszitären Führerdemokratie» (Weber), ihre Spitzenkandidaten bilden das «Ventil für das Bedürfnis nach Führertum» (Weber). Demokratie ist Führungsauslese. Noch weiter gehen Überlegungen, nach denen der Volkswille, wie auch der öffentliche Meinungsbildungsprozess, ohnehin nur eine abgeleitete, keine eigenständige Größe ist. Er ist «das Erzeugnis und nicht die Triebkraft des politischen Prozesses» (Schumpeter). Der politische Prozess aber verhält sich wie ein Markt: Anbieter von politischen Leistungen konkurrieren um Wählerstimmen, Parteien sind wie profitorientierte Unternehmer, der Wähler verhält sich wie der *homo oeconomicus*, er wählt, so sein rationales Kalkül, den politischen Unternehmer, der seinen eigenen Präferenzen entspricht und der ihm die beste Gegenleistung verspricht.

Diese «realistischen» Theorien der Demokratie besitzen eine hohe empirische Evidenz für die Analyse von Problemen und Strukturdefekten auch gegenwärtiger Demokratien. Sie vermögen zu erklären, warum Demokratien immer in der Gefahr ihrer Überforderung stehen: Zum einen überbieten sich die Konkurrenten um die demokratische Macht, zumeist Parteien, bei Wahlen gegenseitig mit Versprechungen, um die Stimmen der Wahlbürger für sich zu maximieren. Einmal im Amt, gelingt es dann kaum noch – allenfalls um den Preis der Glaubwürdigkeit und des Machtverlustes –, die Zusagen zu korrigieren. Zum anderen überfrachten auch Stimmbürger die politischen Repräsentanten mit zu hohen Erwartungen auf Leistungen und Ansprüchen auf «Tugendhaftigkeit», auf Lauterkeit, Vertrauen und Führungskraft. Enttäuschungen treten schnell ein und befördern Politik(er)verdrossenheit. Hinzu tritt eine Neigung in der Demokratie, vorrangig nur die «Bedürfnisse des Augenblicks» (Alexis de Tocqueville) zu befriedigen. Der kurzfristige Zeithorizont des Führungspersonals und der enge Rhythmus von Wahlen führen zur Vernachlässigung der Zukunft: «Lastenabwälzung in die Zukunft beschädigt die Zukunftsvorsorge und vermindert zudem die Reaktions- und Gestaltungsfähigkeit in der Gegenwart» (M. G. Schmidt). Demokratien, so kann man pointiert formulieren, erzeugen damit ihre Probleme auch zu einem guten Teil selbst. Der demokratische Legitimationszusammenhang behindert bisweilen die demokratische Effizienz. Das sind die Kosten der Demokratie.

Das Mediensystem selbst ist ein wichtiger institutioneller Faktor für die Funktionsfähigkeit der Demokratie. Die «Freiheit der Feder», wie Kant formulierte, die Freiheit von Wort und Bild konstituiert unter den Bedingungen der modernen, großflächigen Demokratie den öffentlichen Raum, in dem Meinungs- und Willensbildung stattfinden. Was früher der Marktplatz war, sind heute die Massenmedien. Damit haben sich aber auch in sehr entscheidender Weise die Kommunikationsbedingungen verändert. Aus der Kommunikation unter Anwesenden, von Angesicht zu Angesicht, ist eine Kommunikation unter Abwesenden, anonym und vermittelt, geworden. In der Mediendemokratie bestimmen die Medien die öffentliche Agenda, oder aber die Politik bedient sich der Massenmedien, um Einfluss auf das Publikum zu nehmen. Die Mediendemokratie scheint das ihr gemäße Korrelat in der Zuschauerdemokratie gefunden zu haben – als Mittel der Aufmerksamkeitssteigerung bietet sich die Inszenierung von Politik als Schauspiel an. Wie das Theater im antiken Athen schaffen Medien eine kommunikative Arena, in der Politik dargestellt, dramatisiert und reflektiert, damit aber auch transparent und zugänglich gemacht wird. Der Wettstreit der Argumente, Positionen und Personen, im Medium der Talkshows oft, aber nicht immer, in banalen Formen inszeniert, führt, wenngleich mediatisiert, zurück zum Archetyp der agonalen Politik der Athener Polisdemokratie.

Die traditionellen audiovisuellen und Printmedien haben in letzter Zeit an Vertrauen bei Zuschauern und Leserinnen verloren. Vielen Menschen scheinen diese Medien nicht mehr glaubwürdig zu sein, manche glauben sogar, sie seien von der Politik «gelenkt». Offenbar, so die Kritik, reflektieren die Medien nicht mehr das, was den Bürger und die Bürgerin bewegt. An die Stelle der bekannten traditionellen Medien, von Zeitungen und Fernsehanstalten, treten die sogenannten sozialen Medien. Politische Kommunikation und politische Öffentlichkeit verändern sich damit aber grundlegend.

In der Perspektive einer «digitalen» oder «elektronischen» Demokratie scheint eine völlig neue, auf Gleichheit der Beteiligungschancen beruhende Struktur der Meinungs-, Willens- und Entscheidungsbildung möglich zu werden, die die Strukturdefekte öffentlicher Kommunikation zu überwinden in der Lage ist. Zum Internet, so die Annahme, hat ein jeder Zugang, es kann interaktiv, in wechselseitiger Kommunikation genutzt werden. Auf diese Weise entsteht ein öffentlicher Raum, der in seiner egalitären Struktur der athenischen Agora gleicht. Vollkommene Transparenz erscheint genauso möglich wie allumfassende Beteiligung. Doch hat sich die Vorstellung einer technologisch gestützten Aufhebung aller Grenzen und sozialer Beschränkungen der Partizipation, wie sie beispielsweise das Konzept der *Liquid Democracy* vorsah, als nicht sehr realitätsnahe Utopie herausgestellt – und dies nicht nur, weil nicht alle zu jeder Zeit in der Lage sind, sich an Prozessen der politischen Meinungs- und Willensbildung zu beteiligen. Sondern vor allem auch, weil nicht jeder bzw. jede Zugang zum Internet hat oder dieses in gleichem Umfang nutzt. Das Problem sozialer Selektivität, die ungleiche Beteiligung aufgrund unterschiedlichen sozialen und kulturellen Hintergrunds, besteht damit auch in der politischen Nutzung digitaler Medien fort. Ein weiterer Gesichtspunkt kommt hinzu: In den sozialen Medien lassen sich Gruppen und Netzwerke beobachten, die, teils in anonymer Weise, Politik, Politikerinnen und Politiker verächtlich machen und andere Gruppen der Bevölkerung mit Hass und Hetze überziehen. Zugleich wirken Netzwerke und Gruppen wie Filterblasen, in denen sich partikulare Meinungen und Vorstellungen etablieren und von vielen gleichgesinnten Nutzern wie in einer Echokammer verstärkt werden. Die eigene Meinung wird für die alleinige Wahrheit gehalten. Rede trifft nicht mehr auf Widerrede, der öffentliche Meinungsbildungsprozess ist aber gerade auf den Austausch von Ansichten angewiesen. Das Internet verändert somit die demokratische Öffentlichkeit grundlegend, einerseits wird die direkte, massenhafte Reaktion und Einmischung von Bürgern und Bürgerinnen möglich. Andererseits parzelliert sich die Öffentlichkeit in viele Teilöffentlichkeiten, die kaum mehr miteinander ins Gespräch kommen und deshalb nur schwer in verantwortlichen Meinungs- und Entscheidungsbildungsprozessen zusammenzuführen sind.

Zweifelsohne ist das Internet eines der wichtigsten Medien zur politischen Informationsbeschaffung geworden, wobei die Selektion und die Verarbeitung von Informationen eine Herausforderung für die Bildung demokratischer Handlungsfähigkeit ist. Digitale soziale Netzwerke bieten die Chance zur schnellen und effizienten Aktivierung und Mobilisierung von Bürgern und Bürgerinnen sowie zur Organisation von Kampagnen. Neue Basis- und Protestbewegungen (im linken wie im rechten politischen Spektrum) haben zunächst als Gruppen in sozialen Netzwerken wie Facebook begonnen, konnten damit ihre Anliegen öffentlich machen, Interessierte gewinnen und schließlich auch für Aktionen auf Straßen und Plätzen mobilisieren. Auch können Nichtregierungsorganisationen (NGOs) so ihr Betätigungsfeld ausdehnen und globale Aufmerksamkeit gewinnen. Mit dem Internet gewinnt die Zivilgesellschaft an neuen Aktions- und Beteiligungsformen. Doch schafft Onlinekommunikation nicht per se eine besser informierte politische Öffentlichkeit oder gar mehr Demokratie. Blogs und Tweets können demagogisch wirken, und der Einsatz von sogenannten Social Bots, automatisierten Computerprogrammen, die Beiträge in den sozialen Medien platzieren, verfälscht den öffentlichen Meinungsbildungsprozess und gefährdet die Legitimität demokratischer Wahlverfahren.

IX. Die Demokratie – in der Krise?

Schon seit ihrer Entstehung in der Antike trifft die Demokratie immer wieder auf Kritik und zeitweilig sogar auf Feindschaft. Und in der Gegenwart sind politische Bewegungen entstanden, die mit Berufung auf «das» Volk Politik und Medien fundamental kritisieren und das Funktionieren der Demokratie in Zweifel ziehen. Neben politischer Polemik gibt es indes auch Kritik, die Probleme benennt, die mit Schwächen, aber auch den gegenwärtigen Herausforderungen der Demokratie zusammenhängen. Erstens wird die Komplexität und mangelnde Transparenz demokratischer Entscheidungsverfahren kritisiert. Verantwortlichkeiten seien in der Mehr-Ebenen-Demokratie, die von den Kommunen über die Länder, den Nationalstaat bis zur Europäischen Union reicht, nicht mehr erkennbar und folglich auch nicht zurechenbar und kontrollierbar. Zweitens werde der demokratische Prozess von Strukturen transnationalen Regierens überlagert, welche nicht oder nur unzureichend demokratisch legitimiert seien. Vor allem würden dadurch Entscheidungen getroffen, die nachteilige Auswirkungen auf den Nationalstaat und den gesellschaftlichen Zusammenhalt hätten. Drittens erfüllten Parteien ihre Vermittlungsfunktion zwischen der Gesellschaft und dem Staat nur unzureichend, weshalb die Bürger ihnen das Vertrauen entzögen und ihre Mitgliedschaft aufkündigten. Viertens nähmen die Medien ihre aufklärende und bildnerische Aufgabe für die Politik nicht mehr wahr, Unterhaltung ersetze Information, Stimmungen träten an die Stelle von Inhalten. Auch würden die audiovisuellen Medien und Printmedien die Wirklichkeit sowie die Sorgen und Präferenzen der Bürger nicht mehr widerspiegeln. Deshalb verlören Medien an Glaubwürdigkeit bei Bürgern und Bürgerinnen. Sodann hätten die Finanzkrisen seit 2008 gezeigt, dass global agierende Investoren, Banken und Unternehmen einerseits und supranationale Regime wie Weltbank oder Welthandelsorganisation andererseits die Welt «regierten» und an die Stelle der Demokratie die Herrschaft der freien, deregulierten Märkte getreten ist. Die Globalisierung schade den nationalen Volkswirtschaften, bewirke Deindustrialisierung und schade den Arbeitsmärkten. Die Folge seien soziale und ökonomische Verwerfungen, eine wachsende Schere zwischen Arm und Reich, kurzum: Die Globalisierung schaffe Verlierer, die auch im politischen System nicht mehr gehört würden. Und schließlich hätten auch die internationalen Flüchtlings- und Migrationsbewegungen zu einer Entfremdung von Eliten und «Volk», zwischen einer kosmopolitischen Klasse, die aufgeschlossen gegenüber Einwanderung sei, und Bürgern und Bürgerinnen, die Zuwanderung aus anderen Weltregionen als Bedrohung eigener Identität empfänden, geführt.

Populistische Bewegungen werden vielfach als Reaktion auf diese Entwicklungen gesehen, womit die Spaltung der Gesellschaft nur vertieft und die Krise der Demokratie verschärft werde. In der Tat ist in den letzten Jahren ein Anwachsen populistischer Bewegungen zu beobachten. Zum einen haben linkspopulistische Bewegungen in Südeuropa, aber nicht nur dort, die Auswüchse der Globalisierung und die Praktiken von global agierenden Wirtschaftsunternehmen und Banken massiv kritisiert, zugleich das Ende einer «neoliberal» genannten Politik der Deregulierung von Kapital- und Arbeitsmärkten gefordert. Dabei richtete sich der Protest auch gegen transnationale Regime wie beispielsweise den Internationalen Währungsfonds und Treffen führender Wirtschaftsnationen, denen die Verantwortung für diese Prozesse zugeschrieben, zugleich aber auch Intransparenz und Aushebelung demokratischer Entscheidungsprozesse auf nationalstaatlicher Ebene (so bei der Aushandlung multilateraler Handelsabkommen) vorgeworfen wurden. Zum anderen treten rechtspopulistische Bewegungen und Parteien in Europa immer stärker in Erscheinung, haben ihre Anteile bei Wahlen in zehn Jahren nahezu verdreifacht und sind in einer Reihe von Staaten in Regierungskoalitionen eingetreten. Zugleich haben sie, durch ihre zum Teil aggressiv formulierten migrationskritischen, fremden- und islamfeindlichen Positionen, zu einer starken gesellschaftlichen Polarisierung beigetragen, die die liberalen Demokratien erheblich unter Druck setzt.

Es scheint sich eine Bruchstelle der repräsentativen Demokratie aufzutun, die als zunehmende Distanz zwischen den Bürgerinnen und Bürgern und «der» Politik, den Eliten von Politik und Medien, wahrgenommen wird. In diese Bruchstelle strömen die Populismen ein, die wiederum die Entfremdungsgefühle verstärken. Wenngleich nicht jede populistische Rhetorik demokratiegefährdend ist, bisweilen Populismen auch wie eine «Frischzellenkur» der Demokratie wirken können, weil diejenigen, die sich ausgeschlossen, abgehängt oder nicht vertreten fühlen, eine Stimme bekommen und in die Demokratie wieder inkludiert werden, misstraut der Populismus dem Gefüge repräsentativer Demokratie und propagiert anstelle des – bisweilen – mühsamen politischen Willensbildungs- und Entscheidungsprozesses einen Politikstil, der den «Volkswillen» unmittelbar durchzusetzen verspricht. Wo die repräsentative Demokratie die Vielfalt kultureller, sozialer, wirtschaftlicher und politischer Interessen zum Ausgang nimmt, um tragfähige Kompromisse auszuhandeln, sieht der Populismus in Diversität und Konfliktmanagement Hindernisse bei der Durchsetzung eines «unverfälschten» Volkswillens. In letzter Konsequenz untergraben Populismen dann die Institutionen und schwächen das Vertrauen in die repräsentative Demokratie. Am Ende dieser Entwicklungen könnte eine Form post-repräsentativer Demokratie stehen, die sich als autoritäre Demokratie oder als populistische Demokratie oder, in der Kombination beider, als autoritäre Demokratie mit populistischem Unterbau zu erkennen gibt, wo das Volk nur noch zur Akklamation benötigt wird.

In Mittel- und Osteuropa sind solche Ansätze unter der Formel der «illiberalen» Demokratie (Viktor Orbán) bekannt geworden. Hier zeigt sich zugleich eine programmatische Stoßrichtung gegen «westliche» Demokratievorstellungen, gegen die pluralistische, offene Gesellschaft und den Schutz von Minderheitenrechten. Die Rechte der politischen Opposition werden eingeschränkt, die freie Presse in ihrer Arbeit behindert und Verfassungsgerichte, die den Schutz der Grundrechte und die rechtsstaatliche Kontrolle von Exekutive und Legislative sichern helfen, in ihren Kompetenzen beschnitten. Autoritäre Demokratien können, aber müssen nicht auf populistischen Bewegungen oder Parteien aufruhen.

Gewiss kommen in den Kritikpunkten und Krisenszenarien Besorgnisse, Probleme und Gefährdungen der Demokratie zum Ausdruck. Ohne Zweifel stellen sie große Herausforderungen für die Demokratie dar, ohne dass sie zu einer den Bestand gefährdenden Krise der Demokratie oder gar deren Kollaps werden müssen, wie es in Italien und Deutschland in der Zwischenkriegszeit, sodann in Spanien (1936–1939), Griechenland (1965–1967) und 1970 bis 1973 in Chile der Fall war. Anders aber als diese Krisen, an deren Ende der Verfall demokratischer Strukturen stand, ist die Demokratie heute trotz der zahlreichen Krisenerscheinungen immer noch von einem hohen Maß an Zufriedenheit der Bürgerinnen und Bürger getragen. Von 1973 bis 2013 hat die Zufriedenheit der Bürger in Europa mit der Demokratie nicht abgenommen. Das gilt auch für Deutschland. Jedoch haben sich in den letzten Jahren zweifellos Umbrüche vollzogen, deren Auswirkungen sich womöglich erst jetzt, nicht zuletzt in den (rechts-)populistischen Reaktionen, zu erkennen geben. Dabei ist noch offen, ob die Zufriedenheit mit der Demokratie mittelfristig generell abnehmen wird, sich bestehende Demokratien in einem Prozess der schleichenden Destabilisierung befinden oder ob es sich bei den Protesten und dem Anwachsen rechtspopulistischer Bewegungen und Parteien nur um vorübergehende Phänomene handelt, die Ausdruck spezifischer, aber letztlich demokratisch zu bewältigender Problemlagen sind.

Zu diesen Umbrüchen und ihren Herausforderungen zählen: die Globalisierung von Märkten – wie auch die Globalisierung der Probleme, die regional oder einzelstaatlich nicht zu lösen sind. Dadurch haben sich die politischen Entscheidungsstrukturen grundlegend verändert; ökonomische, finanz- und umweltpolitische Regulierungsnotwendigkeiten sind in den transnationalen Raum ausgewandert. Dadurch sind nationalstaatlich organisierte demokratische Handlungsräume und Zeithorizonte stark eingeschränkt worden. Die Exekutive ist zulasten der Parlamente gestärkt worden, weil Entscheidungen, vor allem in Krisenzeiten, schnell und in intergouvernementaler Abstimmung getroffen werden und dabei die Bedeutung supranationaler Einrichtungen wie beispielsweise der Europäischen Zentralbank zugenommen hat. Wie sich internationale Organisationen und Regime jedoch demokratisieren und wirksam kontrollieren lassen, ist nach wie vor ungeklärt. Aus dieser Situation ist eine Auseinandersetzung erwachsen, die globale Demokratisierungsoptimisten von Skeptikern der Übertragung demokratischer Souveränitätsrechte auf überstaatliche oder transnationale Regime trennt und die auch die Europäische Union in den Fokus der Kritik gerückt hat. Der Konflikt ist nicht einfach zu lösen, weil es um die Möglichkeit demokratischer Partizipation und Verantwortlichkeit (auch im Bereich der Ökonomie) sowie die Behauptung nationaler Selbstbestimmung einerseits und die Fragen wirtschaftlicher Globalisierung und die Organisation von Waren-, Dienstleistungs- und Arbeitsmärkten andererseits geht. Indes wird wohl argumentiert werden können, dass eine marktkonforme Demokratie, die alles den globalen (finanz-)ökonomischen Imperativen unterordnet, genauso wenig das Problem zu lösen hilft wie ein demokratischer Protektionismus, der sein soziales und wirtschaftliches Heil in der Abschottung von Märkten und der Abkehr von der Außenwelt sucht.

Die Globalisierung beraubt den modernen demokratischen Staat zu einem guten Teil auch seines sozialintegrativen Instrumentariums. Der demokratische Nationalstaat der Nachkriegsperiode hatte die Gleichzeitigkeit von Wohlstand, Wirtschaftswachstum und sozialer Sicherung ermöglicht. Der regulatorische, interventionistische Staat vermochte durch den erreichten sozialstaatlichen Kompromiss das Vertrauen in die demokratische Politik und damit auch in die Stabilität demokratischer Institutionen wesentlich zu befördern. Durch wachstumsstimulierende Maßnahmen auf der einen, Sozialpolitik auf der anderen Seite war es möglich geworden, gleichzeitig die wirtschaftliche Dynamik zu fördern und die soziale Integration zu sichern. Im Zuge der Globalisierung hat sich dieser Kompromiss teilweise aufgelöst. Finanz-, Kapital- und Gütermärkte haben prosperieren können, die Arbeitsmärkte erfuhren eine starke Spreizung zwischen global wettbewerbsfähigen Jobs und prekären Beschäftigungsverhältnissen in Niedriglohnbereichen. Eine restriktive staatliche Schuldenpolitik setzte zugleich Grenzen bei kompensatorischen sozialpolitischen Maßnahmen. Vieles spricht heute dafür, dass die sektoralen Regulierungsnotwendigkeiten auf den Wirtschafts-, Finanz- und Kapitalmärkten eine verstärkte Kooperation nationaler Akteure erforderlich machen. So können Demokratien ihre Handlungsfähigkeit auch in den Zeiten der Globalisierung erhalten oder wiederfinden, indem sich Staaten zu regionalen politischen Verbänden zusammenfinden, wie es die Europäische Union ist, um gemeinsam die Herausforderungen zu bewältigen. Doch ist die EU mittlerweile selbst in den Fokus der Kritik geraten, wird ihr Dominanzstreben und Überregulierung genauso wie ein grundlegendes Demokratiedefizit vorgeworfen. Dabei darf jedoch nicht übersehen werden, dass demokratisches Regieren in supranationalen Einrichtungen wie der EU ein komplexer Prozess ist, der auf zwei Säulen ruht: erstens auf der Legitimation durch die Einzelstaaten, die sich mit den anderen Partnern vertraglich verbunden haben, und zweitens auf einer Legitimation durch die Bürgerinnen und Bürger, die Repräsentanten in eine gemeinschaftliche Körperschaft, in diesem Fall das Europaparlament, wählen. Es ist aber auch deutlich geworden, wie schwierig es ist, hierfür dauerhaft und überall Zustimmung der Bürgerinnen und Bürger zu finden. Viele Probleme werden den Entscheidungen in den (für schwerfällig gehaltenen) europäischen politischen Strukturen angelastet, auch wird die Europäische Union oft als Sündenbock für nationale Fehlentwicklungen in Anspruch genommen. Unzufriedenheit der Bürgerinnen und Bürger kann dann zu Referendumsentscheidungen wie in Großbritannien führen, die Europäische Union zu verlassen und die Rückkehr zu einzelstaatlichen Problemlösungen zu suchen.

Ein weiterer gesellschaftlicher Umbruch in demokratischen Systemen zeigt sich im Wandel des Partizipationsverhaltens der Bürger. Die soziale Selektivität hat zugenommen, Menschen aus den mittleren und oberen Bildungs- und Einkommensschichten der Gesellschaft beteiligen sich viel häufiger an der Politik als Menschen, die dem unteren Drittel der Gesellschaft zugerechnet werden. Zugleich sind unkonventionelle Formen der Partizipation weitaus häufiger zu finden als vor fünfzig Jahren, als politische Aktivität weitgehend an Parteien und ihre Vorfeldorganisationen (beispielsweise Gewerkschaften, Kirchen, Vereine oder Jugend- und Studentenorganisationen) gebunden war. Auch haben sich die Felder des gesellschaftlichen Engagements sehr stark in Richtung der punktuellen und begrenzten Betätigung verschoben. Und das Kommunikationsverhalten von Bürgern hat sich mit den digitalen sozialen Netzwerken verändert: Mit ihnen lassen sich Flashmobs, spontane Protestaktionen wie auch Shitstorms organisieren, die, je auf ihre – manchmal aggressiv-demagogische – Weise, Politik und Politiker in der repräsentativ verfassten Demokratie kontrollieren oder herausfordern. Die «vernetzte Macht der Vielen» im Netz (Bernhard Pörksen) stellt eine neue, große Herausforderung für demokratische Politik dar. So hat die Sphäre der Öffentlichkeit durch die massenmediale Überlagerung auf der einen und die digitale Fragmentierung auf der anderen Seite einen erheblichen Strukturwandel durchlaufen, der in seinen Folgen für die Institutionen der Demokratie noch nicht wirklich absehbar ist. Auf jeden Fall erfordern weltweite Kommunikation und beschleunigte Wechsel von Themen und Agenden sofortige Reaktionen der Politik, die die mediatisierten, in den Institutionen und Verfahren der repräsentativen Demokratie sich vollziehenden, komplexen Entscheidungsprozesse schwerfällig aussehen lassen. Die Demokratie wird hier mit einem Erwartungsdruck unmittelbarer Handlungsfähigkeit konfrontiert, der in Krisenphasen zwar gerechtfertigt erscheinen mag, aber in Normalzeiten den langwierigen demokratischen Entscheidungs- und Kompromissbildungsprozessen widerspricht.

Das Bewusstsein der Gefährdungen und Herausforderungen der gegenwärtigen Demokratie darf die Maßstäbe der Kritik indes nicht so weit verschieben, dass die Demokratie zu hohen normativen Erwartungen ausgesetzt wird und ihr in einer Krise deshalb kaum noch Chancen gegeben werden. Nach wie vor gilt der Ausspruch des englischen Staatsmannes Winston Churchill vom 11. November 1947 bei einer Rede im Unterhaus: «Demokratie ist die schlechteste aller Regierungsformen – abgesehen von all den anderen Formen, die von Zeit zu Zeit ausprobiert worden sind.» Die Demokratie mag nur als das kleinere Übel angesehen werden, vereint aber andererseits so viele Vorteile auf sich, dass sie als die beste bekannte Herrschaftsform bezeichnet werden kann. Einer dieser Vorteile ist ihre Lernfähigkeit, die sie in die Lage versetzt, auch große Herausforderungen zu bestehen, Probleme zu bewältigen und dabei ihre Nachteile so zu verarbeiten, dass sie gestärkt aus Krisen hervorgeht. So ist die Demokratie eben keine einfache Volksherrschaft mehr und damit nicht in Gefahr, den Befürchtungen der Kritiker in Antike und früher Neuzeit zu entsprechen, sie führe zu «Pöbelherrschaft» (Aristoteles), zu Verfall (Platon) und Anarchie (Machiavelli). Die moderne Demokratie basiert auf Gewaltentrennung, repräsentativer Willens- und Entscheidungsbildung und, ganz entscheidend, auf Recht und Verfassung. Mit der Achtung von Recht und Gesetz, mit unabhängigen Gerichten und einer Verfassungsgerichtsbarkeit kann auch der von Alexis de Tocqueville und John Stuart Mill in der Mitte des 19. Jahrhunderts beschworenen Gefahr einer Tyrannei der Mehrheit begegnet werden. Individuen und Minderheiten müssen sich nicht bedingungslos einer Mehrheit beugen, die sich ja auch irren kann. Leben, Freiheit und Eigentum genießen den Schutz des Rechtes. Individuelle Freiheit und demokratische Selbstregierung lassen sich in der modernen Demokratie miteinander vereinbaren. Auch für das sogenannte Paradox der Demokratie wurde eine Lösung gefunden. Wird sie als unbegrenzte Mehrheitsherrschaft verstanden, dann hätte diese Mehrheit auch die Möglichkeit, die Demokratie abzuschaffen. Demokratien haben Hindernisse der Selbstpreisgabe errichtet. Zum einen stößt die schlichte Mehrheitsherrschaft an die Grenzen des Rechtes und der Verfassung, zum anderen versucht die Demokratie schon im Vorfeld, solchen Bestrebungen entgegenzutreten, die eine Abschaffung der Demokratie – sei es mit Gewalt oder auf parlamentarischem Wege – fordern. Die Demokratie ist, in Deutschland vor allem nach den Erfahrungen von Weimar, wehrhaft geworden.

Demokratien haben auch gelernt, mit grundlegenden gesellschaftlichen Problemen umzugehen. Sie können besser als nicht-demokratische Systeme zwischen Staat und Gesellschaft vermitteln. Durch Repräsentativität und Responsivität ihrer Institutionen greifen sie Problemlagen aus der Gesellschaft auf und entschärfen sie, indem sie sie zu allgemein verbindlichen Entscheidungen verarbeiten. So hat sich durch die Entwicklung wohlfahrtsstaatlicher Maßnahmen in Reaktion auf die «soziale Frage» beispielsweise die soziale Demokratie herausgebildet. Gleichwohl vermag die Demokratie keineswegs alle Probleme zu lösen. Immer wieder wird ihr vorgehalten, dass sie nur die gut organisierten und machtvoll artikulierten Interessen berücksichtige und dabei nur die kurzfristigen Ziele, nicht aber das nachhaltige Gemeinwohl, auch nicht die Belange nachfolgender Generationen, im Auge habe. Das mag in der Tat eine Achillesferse der Demokratie sein, aber ein prinzipieller Einwand gegen diese Herrschaftsform ist es nicht. Die Demokratie ist die einzige Herrschaftsform, die es den Bürgerinnen und Bürgern erlaubt, Regierende zu sanktionieren, ohne das politische System selbst beseitigen zu müssen. Politische Führung kann ausgewechselt werden, weil es in der Demokratie nur Herrschaft auf Zeit gibt. Die Opposition von heute kann morgen schon Regierung sein, aus einer Minderheit kann eine Mehrheit werden. Transparenz ermöglicht Kontrolle und schützt vor Machtmissbrauch. Konflikte können bewältigt werden, ohne dass die Kontrahenten zu Mitteln der Gewalt greifen müssen. Und vor allem: Nur der Wille der Bürgerinnen und Bürger, artikuliert in Wahlen und Abstimmungen, begründet und legitimiert die Herstellung kollektiv verbindlicher Entscheidungen. Nur die Demokratie bietet den Menschen die Chance, sich umfassend an Willensbildung und Entscheidungsfindung zu beteiligen und ihre Angelegenheiten selbst in die Hand zu nehmen.

Literaturverzeichnis

Thesen, Argumente und Zitate aus der nachfolgenden Literatur finden sich im Text wieder, ohne dass dies, dem Editionsprinzip dieser Reihe folgend, immer im Einzelnen kenntlich gemacht werden konnte. Für die athenische und römische Demokratie sind die Arbeiten von Bleicken, Hansen, Meier und die in dem Sammelband von Kinzl vereinigten Beiträge unverzichtbar. Hervorgehoben werden muss auch die Darstellung von Henning Ottmann, der auch das lange Zitat aus den *Hiketiden* von Euripides entnommen ist. Für die Begriffsgeschichte von Demokratie und Republik sind die Arbeiten von Mager und Conze/Koselleck unverzichtbar. Für die empirische Analyse der Voraussetzungen und Bedingungen moderner Demokratien ist v.a. auf die Arbeiten von Manfred G. Schmidt und Wolfgang Merkel hinzuweisen. Bei der Darstellung wurde auf bereits vorliegende eigene Publikationen zurückgegriffen.

Aristoteles, Politik, hg. von O. Gigon. 2. Aufl., München 1971

Blühdorn, I., Simulative Demokratie: Neue Politik nach der postdemokratischen Wende. Berlin 2013

Bracher, K. D., Die Auflösung der Weimarer Republik. Eine Studie zum Problem des Machtverfalls in der Demokratie. 5. Aufl., Königstein/Ts. u.a. 1978

Beck, U. (Hg.), Politik der Globalisierung. Frankfurt am Main 1998

Bleicken, J., Die athenische Demokratie. 4., überarb. Aufl., Paderborn u.a. 1995

–, Die Verfassung der Römischen Republik. 8. Aufl., Paderborn u.a. 1995

Blickle, P., Kommunalismus: Skizzen einer gesellschaftlichen Organisationsform. Bd. 1: Oberdeutschland, Bd. 2: Europa. München 2000

Bobbio, N., Die Zukunft der Demokratie. Berlin 1988

Bodin, J., Sechs Bücher über den Staat, hg. von G. Niedhart. Stuttgart 1976

Cicero, M. T., Vom Gemeinwesen, hg. von K. Büchner. Stuttgart 1979

Conze, W./Koselleck, R. u.a., Art. Demokratie, in: Brunner, O./Conze, W./Koselleck, R. (Hg.): Geschichtliche Grundbegriffe. Historisches Lexikon zur politisch-sozialen Sprache in Deutschland. Bd. 1. Stuttgart 1984

Crouch, C., Postdemokratie. Frankfurt am Main 2008

Dahl, R. A., Democracy and its Critics. New Haven/London 1989

–, On Democracy. New Haven/London 1989

Diamond, L./Plattner, M. F. (Hg.), The Global Resurgence of Democracy. Baltimore/London 1996

–, The Global Divergence of Democracies. Baltimore/London 2001

Dunn, J. (Hg.), Democracy. The Unfinished Journey. Oxford 1992
Finley, M. I., Antike und moderne Demokratie. Stuttgart 1987
Fraenkel, E., Deutschland und die westlichen Demokratien (1964), 7. Aufl., Stuttgart 1979
Hamilton, A./Madison, J./Jay, J., Die Federalist-Artikel, hg. und übers. von A. u. W. P. Adams. Stuttgart 1994
Hansen, M. H., Die Athenische Demokratie im Zeitalter des Demosthenes. Struktur, Prinzipien und Selbstverständnis. Berlin 1995
Hobbes, T., Leviathan, hg. von I. Fetscher. Frankfurt am Main 2000
Huntington, S. P., The Third Wave. Democratization in the Late 20th Century. Norman/London 1991
Jehne, M. (Hg.), Demokratie in Rom? Die Rolle des Volkes in der Politik der römischen Republik. Stuttgart 1995
Kielmansegg, P. Graf, Volkssouveränität. Eine Untersuchung der Bedingungen demokratischer Legitimität. Stuttgart 1977
–, Die Grammatik der Freiheit. Acht Versuche über den demokratischen Verfassungsstaat. Baden-Baden 2013
Kinzl, K. H. (Hg.), Demokratia. Der Weg zur Demokratie bei den Griechen. Darmstadt 1995
Kriele, M., Einführung in die Staatslehre. Die geschichtlichen Legitimitätsgrundlagen des demokratischen Verfassungsstaates. Hamburg 1975
Leibholz, G., Das Wesen der Repräsentation und der Gestaltwandel der Demokratie im 20. Jahrhundert. 3. Aufl., Berlin 1966
Levitsky, St./Ziblatt, D., How Democracies Die. What History Reveals about our Future. New York 2018
Lijphart, A., Patterns of Democracy. Government Forms and Performance in Thirty-Six Countries. New Haven/London 1999
Locke, J., Zwei Abhandlungen über die Regierung, hg. von W. Euchner. Frankfurt am Main 2000
Machiavelli, N., Discorsi: Gedanken über Politik und Staatsführung, übers. v. R. Zorn. 2. Aufl., Stuttgart 1977
Mager, W., Art. Republik, in: Brunner, O./Conze, W./Koselleck, R. (Hg.): Geschichtliche Grundbegriffe. Historisches Lexikon zur politisch-sozialen Sprache in Deutschland. Bd. 5. Stuttgart 1984
Meier, Ch., Die Entstehung des Begriffs «Demokratie». Vier Prolegomena zu einer historischen Theorie. Frankfurt am Main 1981
Meier, U., Mensch und Bürger. Die Stadt im Denken spätmittelalterlicher Theologen, Philosophen und Juristen. München 1994
Merkel, W. u. a. (Hg.), Defekte Demokratie. Bd. 1, Opladen 2003. Bd. 2 Wiesbaden 2006
–, Ders. u. a. (Hg.), Demokratie und Krise. Zum schwierigen Verhältnis von Theorie und Empirie. Wiesbaden 2015
–, Nur schöner Schein? Demokratische Innovationen in Theorie und Praxis. Hg. Otto Brenner Stiftung. Frankfurt am Main. 2015

Möllers, Chr., Demokratie. Zumutungen und Versprechen. Berlin 2008
Montesquieu, Ch. L. de S., Vom Geist der Gesetze, hg. von K. Weigand. Stuttgart 1994
Mounk, Y., Der Zerfall der Demokratie. Wie der Populismus den Rechtsstaat bedroht. München 2018
Müller, J.-W., Was ist Populismus? Ein Essay. Berlin 2016
–, Das demokratische Zeitalter. Eine politische Ideengeschichte Europas im 20. Jahrhundert. Berlin 2013
Nolte, P., Was ist Demokratie? Geschichte und Gegenwart. München 2012
Ottmann, H., Geschichte des Politischen Denkens. Die Griechen. Bd. 1/1: Von Homer bis Sokrates. Bd. 1/2: Von Platon bis zum Hellenismus. Stuttgart/Weimar 2001
Polybios, Geschichte, hg. von H. Drexler. Düsseldorf 1995
Przeworski, A. u. a., Sustainable Democracy. Cambridge 1996
Rosanvallon, P., Demokratische Legitimität. Unparteilichkeit – Reflexivität – Nähe. Hamburg 2010.
Rousseau, J.-J., Vom Gesellschaftsvertrag oder die Grundsätze des Staatsrechts, hg. von E. Pietzcker/H. Brockard. Stuttgart 1991
Saage, R., Demokratietheorien. Eine Einführung. Wiesbaden 2005
Sartori, G., Demokratietheorie. Darmstadt 1992
Schmidt, M. G., Demokratietheorien. 5. Aufl., Wiesbaden 2010
Schumpeter, J. A., Kapitalismus, Sozialismus und Demokratie (1942). 3. Aufl., München 1972
Tocqueville, A. de, Über die Demokratie in Amerika. München 1987
Vorländer, H., Wenn das Volk gegen die Demokratie aufsteht: Die Bruchstelle der repräsentativen Demokratie und die populistische Herausforderung, in: Vielfalt statt Abgrenzung. Wohin steuert Deutschland in der Auseinandersetzung um Einwanderung und Flüchtlinge? Hrsg. Bertelsmann Stiftung. Gütersloh 2016, S. 61–76
–, Krise, Kritik und Szenarien. Zur Lage der Demokratie, in: Zeitschrift für Politikwissenschaft, 2/2013, S. 267–278
–, Der Wutbürger – Repräsentative Demokratie und kollektive Emotionen, in: Ideenpolitik: geschichtliche Konstellationen und gegenwärtige Konflikte. Hg. Harald Bluhm u. a. Berlin 2011, S. 467–478
–, The good, the bad, and the ugly. Über das Verhältnis von Populismus und Demokratie – Eine Skizze, in: Totalitarismus und Demokratie. Zeitschrift für Internationale Diktatur- und Freiheitsforschung, 8/2011, S. 187–194
–, Die Verfassung. Idee und Geschichte. 3. Aufl., München 2009